·修订版·

长城

是怎样炼成的

梁贺年 ◎ 著

中国言实出版社

图书在版编目（CIP）数据

长城是怎样炼成的 / 梁贺年著 . -- 修订本 . -- 北京：中国言实出版社，2017.12

ISBN 978-7-5171-2597-6

Ⅰ . ①长… Ⅱ . ①梁… Ⅲ . ①汽车工业 – 工业发展 – 中国 Ⅳ . ① F426.471

中国版本图书馆 CIP 数据核字（2017）第 286917 号

出 版 人：王昕朋
总 监 制：朱艳华
责任编辑：史会美
文字编辑：崔文婷
封面设计：柏拉图
责任印制：佟贵兆

出版发行　**中国言实出版社**
　　地　址：北京市朝阳区北苑路 180 号加利大厦 5 号楼 105 室
　　邮　编：100101
　　编辑部：北京市海淀区北太平庄路甲 1 号
　　邮　编：100088
　　电　话：64924853（总编室）　64924716（发行部）
　　网　址：www.zgyscbs.cn
　　E-mail：zgyscbs@263.net
经　　销　新华书店
印　　刷　北京温林源印刷有限公司
版　　次　2018 年 1 月第 1 版　　2018 年 1 月第 1 次印刷
规　　格　710 毫米 × 1000 毫米　1/16　14.75 印张
字　　数　132 千字
定　　价　56.00 元　　ISBN 978-7-5171-2597-6

前　言

六国破灭，非兵不利，战不善，弊在赂秦。——
中国产业的落后也不是因为自然科学，而是管理科学！

　　有人研究近代的甲午战争，但很少有人系统回顾中国工业发展的兴衰。因为，这个题目太大了。

　　有人醉心于奔驰、宝马的历史传奇，但很少有人从头反省中国汽车产业的成败。因为，这个题目又太敏感了。

　　难道写史只写古代？文学只有言情？哲学只有抽象？产业兴亡事关国家兴衰，没有反思就不可能进步。可惜的是，中国缺少了产业史和科技史的伤痕文学。

　　正好我看了吴军博士的《浪潮之巅》，它对我的"打击"真是太大了。我终于了解了美国硅谷企业的发展历史、残酷竞争和"放狼式"的超前创新模式，以及斯坦福大学"实战式"的教育和科研体制。看来，一个国家或地区的文化开放程度可能对产业进步起到决定性的作用！我顿时扔掉了许多类似"海尔经验"之类的"细节决定成败"的书。

于是，我也有了抛砖引玉的创作冲动。

作为一个汽车产业的老兵，本人有幸长期担任过长城汽车的研发高管，2007年后也曾在吉利和奇瑞分别担任过平台总监，自认为对自主品牌的曲折发展感同身受，对中国老板的经营理念有直接领悟，对政府与政策的变幻略知脉络。

然而半个多世纪过去了，无论大国企还是小民营，自主品牌的成长却是不进则退，大而不强。难能可贵的是，长城、吉利、奇瑞、比亚迪终于杀出了一条血路，至少突围有望了。

不堪回首也要回首！人和人的差距怎么就那么大呢？难道，某些悲剧不值得分析？那些故事不值得记忆？草根英雄不值得景仰吗？ 2013年夏天开始，我打开了依稀的记忆闸门，翻开了尘封的零星笔记，找寻着发黄的报纸资料，搜索着海量的网上信息，联系了许多亲历人士，开始了艰难的写实之旅。

真实是历史的生命。除非是资料的不全或者记忆的偏差，本书的车史内容绝非主观杜撰，哪怕这些碎片难以恢复情节的连续性。另外，产业发展也逃不出当代社会的变迁。作为汽车业的"三国志"，情不自禁地海阔天空，任由自己思如泉涌，"穹顶之下""怅望山河"，恨铁不成钢之余，难免带点忧国忧民，就当是我的"狂人日记"吧。

四个自主车企取得了这么点成绩就给树碑立传？我都有点不好意思了。其实他们离成功还差十万八千里呢，甚至还隐患缠身、危机四伏，谁能生存下去我也猜不出来。不是败家子，就算好孩子，与其说是表扬，不如说是鞭策。

　　为了保持写作的独立性，本书未经任何领导的审阅和改编，书中难免有不妥之处，道歉之余，望朋友们来文补充，不吝斧正！

　　感谢理解我的同仁们，感谢支持自主品牌的同胞们！值此实体经济不断下滑之际，我也向坚持自主创新的优秀企业家：魏建军董事长，李书福董事长，尹同耀董事长，还有王传福董事长，表达最崇高的敬意！

梁贺年

2016 年 9 月 18 日

序

失败的企业都是相似的，成功的企业各有各的成功！

▲ 长城汽车董事长魏建军

2013 年 3 月 29 日，农历二月十八，北京的天空依然雾霾蒙蒙。

第十二届全国人大一次会议刚刚落幕，改革与新政的号角刚刚吹响。

中国梦首先是自主梦。要想实现中华民族的伟大复兴，产业救国是关键。在一个金碧辉煌的大厅里，主席台上的魏建军董事长目光深远，激情澎湃。"跨越百万，全新启程"，长城汽车股份有限公司隆重举行了"哈弗品牌战略发布会暨第一百万辆哈弗交车仪式"，公司同时宣布，长城 2013 年的销售目标为 70 万辆，H8 豪华城市 SUV 即将上市。

▲ 2010 年 5 月，长城轿车腾翼 C30 上市

无意苦争春，一任群芳妒。

与其说这是长城再创辉煌的新起点，不如说这是魏建军 20 年磨一剑的水到渠成。

2010 年以来，伴随着腾翼 C30 轿车的持续热销，2011 年 8 月 25 日，哈弗 H6 隆重上市。9 月 28 日，几乎是与辽宁舰入列的同时，长城 A 股挂牌。11 月 21 日，搭载 1.5T 的 C50 轿车在广州上市。2012 年 5 月 23 日，哈弗 M4 迷你 SUV 从 20 米的高空蹦极出场，很快一炮打红。

这时的长城，就像一个后劲十足的长跑运动员进入了冲刺阶段，正以矫健的步伐赶超着一个个气喘吁吁的竞争对手。

而奇瑞仍在快速下滑，旗手的地位肯定保不住了。吉利和比亚迪也只是实现了小幅增长。

2012 年度，长城汽车总产销 62.5 万辆，同比增长 28%。净利润 57 亿元，同比增长 62%。其中哈弗品牌 28

▲ 2011 年 8 月 25 日，哈弗 H6 城市 SUV 在天津基地上市

▲ 2011 年 11 月 21 日，长城轿车腾翼 C50 在广州上市

▲ 2012年5月23日，哈弗M4蹦极上市

万辆，同比增长 71%，哈弗 H6 11.2 万辆，风骏皮卡 13.7 万辆，C30 轿车 13.7 万辆。

2012 年，长城汽车终于登上了狭义乘用车领域的自主品牌销量冠军！

从 1998 年起的皮卡冠军，和 2003 年起的 SUV 冠军，一个自主 SUV 的领导者——哈弗，开始冲击第一岛链，乘风破浪，迎面驶向列强横行的蓝海深处！

敢上九天揽月，敢下五洋捉鳖。2012 年，随着"神舟九号"与"天宫一号"的对接成功，"蛟龙号"的深海探测和"辽宁舰"的起航，中国汽车的自主品牌，也扬起了一面走向世界的新旗帜。

百岁功名才半世，梅花香自苦寒来。少年时期动荡的历史背景个人无法选择，抚今追昔，眼前飞扬着一个个鲜活的面容。凤凰涅槃，魏建军怎能不感慨 23 年前他走进长城的那一天………

	2008	2009	2010	2011	2012	2013
长城	12.7	22.6	39.7	48.7	62.5	75.4
奇瑞	35.6	50	68.2	64.2	56.3	43.1
吉利	23	32.7	41.5	42.2	48.3	54.9
比亚迪	17.6	44.8	51.7	43.7	45.6	50.6

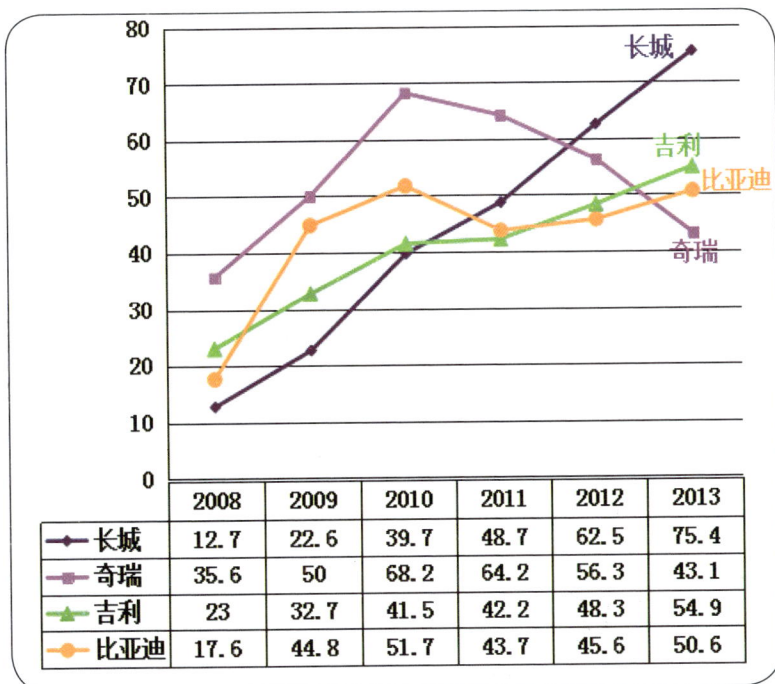

◀ 六年来长城、奇瑞、吉利、比亚迪销量变化（万辆）

2012 年度总销量排名	中国国内汽车企业	2012 年总销量（辆）
1	上海通用	1392658
2	一汽大众	1328888
3	上汽通用五菱	1322585
4	上海大众	1280008
5	北京现代	855996
6	东风日产	772995
7	长安汽车	748279
8	●长城汽车	624600
9	奇瑞汽车	556993
10	一汽丰田	495477
11	长安福特马自达	493286
12	吉利汽车	491444
13	东风悦达起亚	480566
14	比亚迪汽车	456056
15	广汽本田	316360

▲ 2012 年度中国汽车销量排行榜

▲ 2012 年 5 月，长城汽车总裁班与 IBM 咨询团队合影

▲ 2012 年 9 月 25 日，中国首艘航空母舰"辽宁"号入列

目　录
CONTENTS

上汽、一汽、二汽分别与跨国公司成立合资企业组装洋品牌的轿车。

不是东风压倒西风，就是西风压倒东风。

工队，打响了农村包围城市的第一枪！不同的是，长城皮卡的命运是不许干轿车。

我是一只小小鸟，想要飞，却飞也飞不高！

1964 年，魏建军出生在河北省保定市。1981 年，作为一个军官子弟和农家的儿子，魏建军没有挤高考的独木桥，而是直接去北京通县微电机厂上班了。

中国少了一个大学生，未来却多了一位"首富"。

1964 年，龙年的春天，魏建军出生在河北省保定市南大园人民公社的史庄村。

这一年的 10 月 16 日，在"工业学大庆""农业学大寨"的高潮中，中国第一颗原子弹爆炸成功。

史庄村位于古城南郊，府河南岸。隔河北望就是曹锟花园和明代城墙，村西紧挨着"直隶农务学堂"——现河北农业大学，村东是个渡口——址舫头。直到 1963 年 8 月华北发大水之前，保定人还可以从此上船，顺府河往东去白洋淀贩席捕鱼，再直达"九河下梢"换小站大米，京津

▲ 保定直隶总督府门前的大旗杆

▲ 1964 年 10 月 16 日，中国第一颗原子弹爆炸成功

保一带不愧为"鱼米之乡"。那时的河水还能直接喝，上游的太行山曾经森林茂密，新中国成立前还有过老虎出没呢。

巧合的是，"天威英利"太阳能的总裁苗连生也是史庄村人。保定两个最大企业的老板都是打着架一块儿长大的，看来，这儿还真是一块风水宝地啊。

魏建军的父亲魏德义排行老二。1958年以来的"大跃进"大炼钢铁，修水库吃食堂把人们都饿怕了。据说当兵还有肉吃，1963年大水刚过，正当"反修防修"的"四清运动"和知识青年"上山下乡"席卷全国之时，他离开了保定郊区的热炕头，入伍了北京通县的军营。

但魏德义并不热衷阶级斗争和红卫兵运动，而是专心钻研起技术来。1970年，也就是美国人刚登上月球不到一年，我国长征一号火箭首次发射"东方红"卫星的时候，他就带领十几名军属用200元起家干起了小工厂，且经营有方，一个企业家先在军营生根了。

1976年，粉碎"四人帮"后，这个军属小厂的产品已经小有名气了。但是要想发展壮大，当时的经济环境还没有市场。

洞中才数月，世上已千年。十年动乱，打倒一切"封资修"，砸碎了一个旧世界，保定这个祖冲之的故乡，更是个文攻武斗的重灾区。唱着"红星闪闪放光彩"，少年时代的魏建军多么想走出保定看看外面的世界。

实践才是检验真理的唯一标准。"文化大革命"终于结束了。1978年12月，凤阳小岗村的18户农民拉开了土地承包责任制的序幕。5年前因出书批判"文革"鼓吹商品经济的死刑犯牟其中也平反出狱。对于一个农村户口的少年来说，上学，又成为走出去的唯一希望。

▲ 1958 年，保定徐水县土法炼钢炉

▲ 1970 年 4 月 24 日，中国第一颗人造地球卫星"东方红"由"长征一号"运载火箭发射成功

刚刚恢复了高考，一旦回到了"1+1=2"，陈景润就不难破解哥德巴赫猜想了。继1978年访日之后，1979年邓小平访美参观了约翰逊航天中心，他感到地球太小了。不久，深圳特区第一次打开了面向世界的窗口。不过即使对北京人来说，特区也太远了。

1979年，那是一个春天，有一位老人在中国的南海边画了一个圈。在对越自卫反击战的硝烟中，1980年5月18日，中国第一枚远程运载火箭也射向了深深的太平洋。这时，高中时代的魏建军最爱上的是物理课，最喜欢的是摩托车。

难道"一大二公"和"一穷二白"才是社会主义的金光大道？除了同仁堂等少数大牌子，中国绝大多数传统工商业，甚至上百年的老牌子，几乎都按资本主义的苗苗被斩草除根了。看来我们曲解了马克思主义，还得回头补上市场这一课。也为了解决大量知青的回城就业，陈云哀民生之多艰，指示可以摸着石头过河，集体经济和个体户也开禁了。魏德义的小工厂也逐步转向了电力设备业务。

1981年，中国女排首次获得世界冠军。光荣属于80年代的新一辈，在振兴中华的气氛中，作为一个军官子弟和农家的儿子，魏建军没有挤高考的独木桥，而是直接去北京通县微电机厂上班了。

也许因为部队家庭环境比较好的缘故吧，他跟父辈一样都是车迷，热衷捣鼓北京吉普和解放卡车，甚至修理发动机。这种技术发烧友的热情成为他最大的精神财富，对技术探索的狂热冲动最终成就了他的事业。《列宁在1918》都看腻了，他迷上了《加里森敢死队》。相比多数人追求的学而优则仕，他受教科书的束缚更少，受军事化的影响很

▲ "文革"年代的"一汽"解放牌卡车

▲ 1958 年，长安机器厂以美军威利斯 M38 为基础开发的长江 46 越野车，2.2L 发动机最高时速 115km

大，养成了一股天然的怀疑精神。中国特色教给了他更多的实用知识和生存本领。

中国少了一个大学生，未来却多了一位"首富"。

而同时，我也在 1981 年考上了河北机电学院。这一年里根当选美国总统，托夫勒的《第三次浪潮》让我第一次看到了信息社会的曙光。当时的我坚信，学好数理化，走遍天下都不怕。

也许，中国多了一个工程师，却少了一位企业家。

知识改变命运！

▲ 1960 年，一汽红旗高级轿车 CA72 参加莱比锡国际展览会

　　1984 年，"有计划的商品经济"鼓励人们开公司创业了。太行建筑设备厂开发出了自动供水气压罐，成为明星乡镇企业。1989 年，魏建军的太行水泵厂也研制成功了低噪声热水泵。

　　不管黑猫白猫，捉住耗子就是好猫。

1983 年，经济领域改革开放呈现一片大好形势。

迎着三月里的小雨，怀着四个现代化的远大理想，魏德义放弃了转业当官的铁饭碗和北京户口，乘坐一辆军用卡车，听着李谷一的《乡恋》，毅然退伍回到保定。他召集了家族亲友，用 4800 元复员费创办了太行建筑设备厂，并在 1984 年开发出了隔膜式自动供水气压罐。同时，魏德义高薪聘请技术骨干，还有半公开的星期日工程师，太行厂很快发展为给排水行业的骨干企业，全国明星乡镇企业。

三分天注定，七分靠打拼。魏德义也成了改革开放后的第一代私营企业家。许多人也开始先富起来了。

也是在 1984 年，"有计划的商品经济"鼓励人们开公司创业。想吃又怕烫的普通群众也从单卡录音机里偷偷享

▶ 诞生于 1966 年的
北汽客货车 BJ130

受着邓丽君的"精神污染"，在甜蜜蜜的小城故事里寻找美酒加咖啡的探戈生活。

但幸福需要勇气，光靠省吃俭用发不了财。

这一年，小个子马云经三次高考当上了杭州师范学院的一名英语专科生。人小志大的求伯君刚分配到徐水物探局，后来跳槽到"四通"开发软件。王选教授研制成功了华光Ⅱ激光照排系统，柳传志在中关村一间 20 平方米的传达室里创办了"联想"。精通马列的张瑞敏将青岛两个濒临倒闭的集体小厂合并成"海尔"；熟读毛选的马胜利出任石家庄造纸厂厂长。广东三水的李经纬创出了"健力宝"；倒过车皮的王石又跑到深圳，靠倒卖玉米多赚了三五斗。

跟着感觉走，紧抓住梦的手。台州人李书福用海鸥相机走街照相赚来的钱开始生产冰箱零配件，直到 1987 年生产出"北极花"冰箱。这一年，42 岁的宗庆后承包了一个校办厂，正在蹬着三轮卖冰棍呢。

流在心里的血，澎湃着中华的声音，我的中国心，再也架不住肯德基的诱惑和 BP 机的呼叫，纷纷变成了一颗下海的心，争相踏上了一叶发财的船。

但那时的我，由于从小出生于新城县的"四类"家庭，小时候父母每天的叮嘱都是：别惹事，少说话，挨欺负也别还手。家庭的熏陶才真正影响孩子的一生，创业的基因和个性从小就被课本上的标准答案封杀了。好容易 1985 年大学毕业了，进城工作就是最高目标，"投机倒把"的事连想都不敢想。富不过三代，终于轮到我为今天的"资本家"扛长活了。

1988 年 2 月底，我脱离工作了三年的组织——国营涞水县新兴机械厂，带着我的最大资产——一辆飞鸽牌自行车，投奔了太行厂的老板魏德义。我第一次见到有喷泉和

▲ 1988 年 12 月，保定太行建筑设备集团公司成立

游泳池的花园式工厂，以及一辆无比尊贵的奔驰轿车。欢迎之余，他抱歉地告诉我：俺们乡镇企业办不了调入手续，其他工程师都是辞职来的。我说我刚毕业三年不在乎这些。就这样，我马上投入了陌生的给排水技术工作，而工资却比我在县城国企的 70 元翻了一番，吃饭也不需要粮票。当时胡克刚还是副厂长，我终于在乡镇企业感受到了社会主义制度的优越性。就在几个月前，我还因关系不硬进不了国营，相继被高碑店华北汽车厂和保定机床厂拒绝接纳。

　　1988 年夏天，看过了电影《红高粱》，我从太行建筑设备厂内调到太行水泵厂，协助老工程师胡茂臣从事清水泵的工艺工作。在那排低矮的平房里，我第一次见到了同龄的厂长魏建军。两年前，为了延伸太行供水的产业链，魏德义给他投资 5 万元在史庄村开办了这个厂，条件非常简陋。

　　他不善言辞，作风严谨，思路灵活，充满幻想，从不轻信那些冠冕堂皇的理论或者人云亦云的教条，似乎中国儒家传统中的那些僵化和守旧对他的影响相对少一些。不过在谈论时局敏感问题时，他虽然也被我的外国月亮煽得热血沸腾，但很快又泼一瓢凉水把我浇回"俺们保定"。

　　魏建军了解到，随着居民小区和集中供热的发展，热水泵才是高附加值产品，只有国营大厂才能生产。于是，我们就全心投入到了低噪声热水泵的研发之中。面对着一台"机泵合一"的进口样品，我们连仿造都不会。为了掌握密封技术，魏建军几次派我去西安交通大学了解一项水泵密封专利，但最终没有用上。后来听说东北有特种电机，我又去佳木斯电机厂暗访，与那的工程师交朋友虚心讨教。但我们不具备人家的成型、焊接工艺，后来采用一般的工艺和材料也实现了殊途同归，1989 年经多次试验最终定型，并提供给了北京亚运村当时最宏伟的五洲大酒店。

　　少年壮志不言愁。太行牌低噪声热水泵算不上什么高科技，但那是一次从无到有的全新设计和开发，在那个技术上一穷二白的年代，作为一个小微水泵厂，魏建军就敢于冲刺高端，将太行供水延伸到了供热领域。不用水塔用水压，供水供热进万家。

　　一花一世界，魏建军打算进一步向化工泵、渣浆泵的高科技领域发展。

▲ 1989 年，保定市太行牌清水泵新产品鉴定会

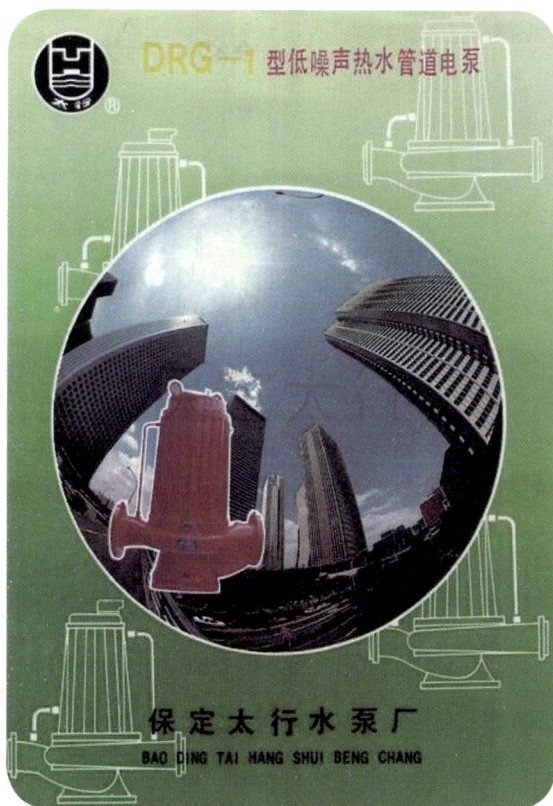

◀ 1990 年，保定市太行牌热水泵

一叶一菩提，也是在 1988 年，复员军人任正非在深圳创办了华为技术公司，开始做一个香港公司的销售代理。

邓小平说，不管黑猫白猫，捉住耗子就是好猫。

但那个年代仍然忌讳"私营"二字，公开的说法叫乡镇企业家。政府还设立了乡镇企业局，制定了专门的政策，太行牌热水泵只是获得了一个"星火"奖。除了国企之外，"允许"非公经济作为"补充"。部分农民也摆脱了土地的束缚去当"盲流"了。双轨制让许多倒爷一夜成了暴发户，短缺经济让一部分人胆子更大了。

虽然这些等级差异仍然存在于经济领域，但中国毕竟开始了市场经济的初级阶段。1989 年的经济动荡，中国和苏联都走到了体制改革的十字路口。

正在这个多事之秋，魏氏三兄弟的老三叔出事了，冥冥之中，魏建军的人生轨迹注定了又要装上四个轮子。

三 入主长城，吉人有天命

　　1976 年，保定市南大园人民公社成立了一家农机修造厂，后来也挂上了长城汽车改装厂的牌子。1990 年，长城的生存遇到了第一次挑战，魏建军出任长城汽车总经理，长城汽车由此掀开了新的一页！

　　我的未来不是梦！

　　早在 20 世纪 80 年代初期，保定地区就出现了一些乡镇企业、私营企业和部队修理厂公开半公开地干起了汽车改装，其厂家之多，成分之杂，在全国都是绝无仅有的。虽然受到政策的打压，但在地方政府的默许下，保定事实上也成了民营造车大潮"无序发展"的竞技场。蓦然回首，早年第一个吃螃蟹的民企，可能就是魏建军的叔叔魏德良。

　　1976 年，也是乔布斯成立苹果公司的同一年，保定市南大园公社成立了一家农机修造厂。最晚 1979 年，魏德良厂长就开始改装名为长城的轻型客车了，后来也挂上了长城汽车改装厂的牌子。虽然实现了"农转非"，但也戴着改装的帽子。"长城汽车"，这个极具中国元素的自主品牌终于播下了第一粒种子。

　　其实不止保定，许多农机厂找不到出路都想造车了。虽然包产到户让农民吃饱了肚子，盖起了房子，拉动了电视、冰箱、洗衣机的家庭电器化，但小农经济又无法实现先进的农场化和城镇化，更难实现毛主席号召的"1980 年全国实现农业机械化"。大农机没有市场了。

　　1979 年，萧山宁围公社农机厂的鲁冠球看到了《人民日报》的一篇社论《国民经济要发展，交通运输是关键》。他嗅到了国家要大力发展汽车的风向，马上砍掉其他项目，

当时"五菱"的资金非常紧张，工厂"咬牙"买车给技术人员做测绘。技术人员在短短3个月内完成整车的测绘工作。

▲ 1980 年，广西柳拖在困境中测绘仿造日本的微型货车

▲ 1984 年 11 月，首批长安牌微型车下线

开始转攻小小的汽车配件——万向节。一个国内最大的本土零部件企业——"万向集团"诞生了。

广西的"柳拖"1980年开始测绘仿造日本的微型货车，1984年投产了五菱牌微面。一个专为农民造汽车的企业发芽了。但是地方企业的小货车根本上不了国家层面，甚至上不了刚刚诞生的《中国汽车报》。

这时，山东诸城的一家小农具厂靠生产卷扬机、纺织用的并条机过日子，1987年更名为诸城机动车辆厂。虽然藏起了农字头，也不过是改产"鸣飞"牌四轮车罢了，王金玉也是偶尔出差才有机会看看北京天安门。

别拿村长不当干部，野猪林里藏龙卧虎。

1984年，长城改装有了一定的发展，更名为长城汽车工业公司。后来也部分改装轻卡130客货车，主要供应沧州任丘的华北油田。

但中国汽车业还是计划经济，国务院在1987年确立了"三大三小"的主导地位，河北省也确立了邢台红星生产6481面包车，保定田野生产121小卡，石家庄征天开发6450旅行车。这个省版的"三大"国企占有着正统优势。因为汽车这玩意儿可不是你们个体户想造就造的，所以政策也大都是为国企定的，有些还是专门限制

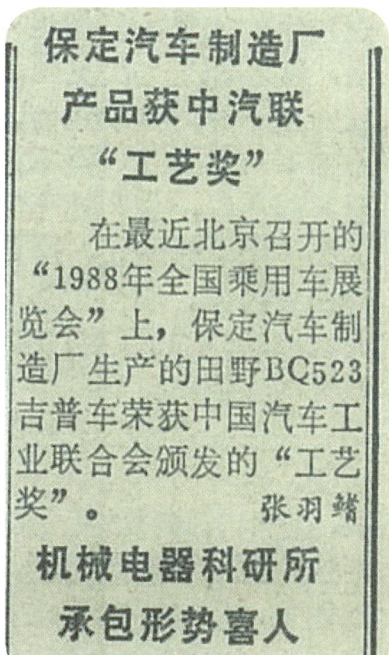

保定汽车制造厂产品获中汽联"工艺奖"

在最近北京召开的"1988年全国乘用车展览会"上，保定汽车制造厂生产的田野BQ523吉普车荣获中国汽车工业联合会颁发的"工艺奖"。　张羽靖

机械电器科研所承包形势喜人

◀《保定市报》（1988年11月2日）

本报讯　10月26日，市工商局对保定市光达车辆厂非法倒卖汽车案做出处理决定：没收其非法所得61445.87元，并处以126720元的罚款，被冻结的3台汽车抵交罚没款。

该厂隶属于南市区企业局，是集体企业，主要经营本厂汽车，自产自销，兼营汽车修理。他们在未办理营业执照的情况下，就组织5人于1988年8月至9月从北京市机电公司、沈阳市农机公司、涿州市机电公司、保定市机电公司等单位购进北京212吉普车、东风140等车43台。已销售40台，获纯利61445.87元。该厂属无照经营，非法倒卖汽车，已构成投机倒把。河北省汽车工业贸易公司第一销售处为该厂提供发票和其它方便条件，已移交石家庄市工商局处理。

据了解，光达车辆厂对工商局的查处表示服气。

经检

光达车辆厂倒卖汽车受到惩处

没收其非法收入六万元，并处十二万元罚款

王忍之考察参观白洋淀、冉庄地道战遗址

▲《保定市报》（1988年10月27日）

民营不能跟国企"恶性"竞争的。不能踢开党委闹革命，投机倒把仍然可能被处理。

其实，个别企业的一把手把"公有制"变成了"官有制"。果然10多年后，红星、保汽、石汽都倒闭了。

我家住在黄土高坡，大风从坡上刮过。保定的长城和天马、大迪、新凯、华北等乡镇或集体改装厂，根不正苗不红，没资格涉足整车制造，就像一群超生游击队，只能找改装车的缝隙抢点汤喝。除了华北厂有吉普212车身的冲压优势外，其他都没有自己的车型，要紧跟市场见风使舵，有时要走政策的钢丝，打一枪换一个地方。

1988.6.15 星期三 第二版

本报讯　保定市长城汽车工业公司坚持正确的经营方向，坚持"用户至上，信誉第一"，积极做好售后服务工作，使产品的销路大畅，呈现供不应求的好势头。今年1至4月份销售额达200多万元，比去年同期增长近一倍。

该公司对用户的需求总是尽力满足。今年初，山西省一用户来买一辆高顶面包车，该公司从来没有生产过这种类型的汽车，但他们一口答应为他们单独生产一辆，顾客深受感动，说："我跑了许多厂家，都因为我要的车生产量小而不愿设计生产，只有你们把用户放在首位。"

该公司积极做好售后服务工作，宁肯自己承担

坚持信誉第一　加强售后服务
"长城"汽车销售量大增

损失，也要满足用户。今年3月，四川省某县工商局买了该公司一辆CC513型越野车后，来电报说变速箱、轮胎等4处有问题。该公司立即派4名有实践经验的技术工人，行程几千里到四川。经检查，与电报所说情况不符。原来是那里的一位司机对买

出的汽车保修期为6000公里。而我省一个个体户买走一辆CC630型面包车，行程9000公里后，又给该公司来电报说汽车变速箱第二轴坏死。公司考虑到个体户买车不易，马上派人带着一台新变速箱赶去为他换上。　张波　俊慧

▲《保定市报》（1988年6月15日）

地道战本来就是保定人发明的，保定地区定兴县的散兵游勇们连改装的资质都没有，在农家院子里买来华北厂的车身攒"北京吉普212"，时常会有外地警察根据北汽的举报来送手铐子。

长城汽车的日子也不好过，那时跑销售要去大机关或大企业走关系。1989 年夏天，也正是一次去任丘办事的路上，魏德良厂长乘坐的"右舵"皇冠轿车发生了车祸，他当夜不幸离世。

于是，南大园乡政府任命李亚蓉继任。但由于经济的动荡，西方的制裁，中国经济陷入了停滞状态。王洪成的"水变油"解不了近渴，神通广大的气功大师变不出钞票，汪国真的抒情诗更当不了饭吃。经过一年的经营，公司负债到了 200 万元，连发工资都困难了。在这种严峻的形势下，长城遭遇了第一次生存危机。

1990 年春天，乡政府考虑另请高明了。年年岁岁花相似，岁岁年年人不同。无论天时、地利、人和，乡党委书记朱恩泽自然想到了年轻气盛的魏建军。

7 月 1 日的早晨，太阳刚刚从云层中升起，魏建军终于开着他的拉达轿车离开了史庄村的太行水泵厂，穿过了三丰路，沿着坑坑洼洼的工农南路驶向了保定东南郊外，正式任职长城汽车总经理，雄心勃勃地走上了这个更加广阔的人生大舞台。

不知是历史造就了英雄，还是英雄改变了历史，长城汽车由此掀开了新的一页！

▲ 拉达轿车，苏联进口

▶ 1990 年前后，江淮汽车几乎垄断了国内中型客车的底盘市场

也是这个 1990 年，上交了冰箱厂的李书福正在深圳踩点呢。他那颗驿动的心根本不在大学校园里，而是筹划上马铝镁曲板。一汽红旗轿车厂的尹同耀被派往德国大众学习组装工艺，"共和国的长子"正忙着"合资"呢。王传福从北京有色金属研究总院硕士毕业留院研究电化学。诸城机动车辆厂还在寻找有资质的靠山。石汽开发出了 6450 多功能车底盘，江淮的 HFC6700 客车专用底盘结束了我国用货车底盘改装客车的历史。柳微五菱首次实现了出口泰国。

我的未来不是梦！

第一天上班，魏建军虽然早有思想准备，但眼前的败象仍然令人心酸。一排北房比草棚子强不了多少，房顶上压着塑料布以防漏雨。院子南面堆满了废旧发动机和零部件，院子里的荒草都能捉迷藏。630 面包车和 121 厢式车的改装业务断断续续，干活的设备就是电气焊和几把喷漆枪。全厂职工还剩下 61 人，都是邻村的农民工。

技术人员主要还有张济明、方欣这几个从国企内退的工程师，刘玉兰算是最年轻的科员，主要负责车型"目录"

的申报工作。

虽然对汽车并不陌生，但魏建军毕竟初来乍到。老业务要努力维持，涣散的队伍也要整顿，办公区也要筹备新建。他向来看不惯老一辈们称兄道弟、哥们义气的"山头"作风，不久，他把太行厂的史宝起调过来任长城汽车办公室主任。这个炎热的夏天那么漫长，在那间没有空调的办公室里，他不满足于老业务的修修补补，急切地寻找着转型的方向。

悠悠岁月，话说当年好困惑。

他对轿车的"渴望"远在天边，近在眼前——

◀ 五花八门的
6450 改装车

▲ 除了南汽"跃进"等轻型卡车，马车也曾是重要的运输工具

四 三大合资，联军锁五龙

在那个计划经济年代，轿车的生产资质几乎被一汽、东风和上汽这"三大"垄断。从 1983 年到 1990 年，北汽、上汽、一汽、二汽分别与跨国公司成立合资企业组装洋品牌的轿车。

不是东风压倒西风，就是西风压倒东风。

自从 1886 年奔驰发明了世界上第一辆汽油机驱动的三轮汽车，1931 年初，与丰田汽车诞生的同时，东北奉天也诞生了中国第一辆半国产化的"民生"牌 75 型货车，并隆重参加了上海的展览，很快"九一八"事变摧毁了这颗萌芽。1942 年，支秉渊在湖南祁阳开发成功了中国第一辆完全国产化的高速柴油机及货车，并往重庆参加了首届中国工业展览会。

◀ 卡尔·本茨和
世界上第一辆
三轮汽车

▲ 20 世纪三四十年代，中国汽车产业最早的中国制造

1956 年，长春投产了新中国全面引进苏联技术的第一辆解放牌卡车。

但不知哪个老先生把小客车的英文 car 翻译成了"轿车"？那个集东方文化的"轿子"跟伟大的工业文明"汽车"完美地结合了，形象地表现了轿车在中国现代社会的尊贵地位。

轿子文化首先体现在中国的车型分类里，卡车是 1 字头的低档货车，被多数大中城市市区禁行。轿车是 7 字头的高档乘用车，还享受优惠政策，后来的北京长安街还曾禁止驶入两厢车，因为不像轿子，有损形象。

交通工具不按性能质量分级，却按高低贵贱分等，而且一直成为了制定各项政策的依据。这个史上最大的数字游戏把市场"统一规划"成了中国特色的计划经济，并成了某些支柱产业"有序发展"的主旋律。

1978 年，邓小平一面推动军转民，一面指示"合资经营可以办"。闭门造车不行了，是合作造车还是合资装车？八仙过海各显其能。1983年1月，中汽总公司董事长饶斌支持"天汽"引进日本大发 Hijet 小客车和 Charade 轿车，在时任市长李瑞环的支持下，1984年3月3日，"天汽"签署了技术引进协议并独立生产华利面包车，接着还有夏利轿车。

1983年，中国汽车联合会理事长陈祖涛参观首届农展馆车展

几乎同时，长安也引进铃木 Carry 合作生产长安牌微型货车。

1983年7月，中汽公司技术处还主办了北京农展馆第一届中国汽车展。哪怕是技术引进，自力更生的精神仍然还在坚持着。

可惜胳膊拧不过大腿，这条洋为中用的"汉阳造"之路并没有笑到最后。中草药太慢，中成药还嫌慢，那就吃抗生素吧。

与天汽的合作模式不同的是，1983年5月5日，北汽与美国汽车公司合资成立了北京吉普汽车有限公司。从此中国汽车产业的发展格局从合作走向了合资。

▲ 经过四年谈判，北京汽车制造厂与美国汽车公司于1983年成立北京吉普汽车有限公司（BJC）

▶ 1984 年 1 月 20 日，一
汽工厂 CKD 组装的奔
驰 200 型和 230E 型高
级轿车下线

▶ 1985 年 9 月，第一款组
装的 JEEP 切诺基下线

▶ 1985 年 5 月 25 日，中
国（天津）汽车技术中
心奠基

1984 年，眼看着切诺基 CKD 就要下线了，看来中国汽车工业马上要与国际同步了。很快，红旗轿车基本停产了。

紧接着，中汽总公司与德国大众合资，于 1984 年 10 月成立了上海大众。1985 年 3 月，合资成立了广州标致。唯有意大利人坚决不同意合资，南汽只好签署了依维柯的技术引进合同。

既然中外合资一嫁就灵，散件组装一倒就赢，洋姑爷又不是"义和团"，谁又何苦自上而下地搞什么自主创新呢？

1988 年 5 月 17 日，一汽签署奥迪 100 引进协议，现代版的高科技"奢侈品"——豪华轿车开始以进口或组装的名义登陆中国。

不逊于空客的"运十"飞机 1980 年 9 月 26 日就已试飞成功，在准备投产

▲ 天津大发，1984 年上市

▲ 1985 年，CKD 组装的大众桑塔纳轿车下线

▲ 1986 年，CKD 组装的第一代天津夏利微型轿车问世

▶ 1986 年，中国"运十"自主大飞机项目下马

▶ 1991 年 12 月，大众捷达在一汽大众工厂下线

的 1986 年，美国的"挑战者号"在升空时爆炸了，而中国的"运十"却在与麦道飞机的合资诱惑下主动下马了。

1990 年 11 月 20 日，一汽与大众签约成立合资企业，1991 年 12 月 5 日，捷达下线，德国人占领了"北大营"。

60 年前的"九一八"，装备精良的东北军退到了山海关。

别梦依稀咒逝川，故园三十二年前。1959 年，一汽就以克莱斯勒·帝国 Chrysler Imperial 为蓝本，仿制成功了大红旗轿车及 5.65V8 发动机和两前速自动变速箱，比当时的德日还先进，韩国 1967 年才成立了现代汽车。即使是

1988 年的奥迪引进项目，耿少杰的初衷至少还是中学为体，西学为用，最终壮大他的红旗飘飘，永不变色。

而如今，红旗"收"起农奴戟，黑手高悬霸主鞭。1991 年 11 月 25 日，上汽为了给桑塔纳腾地方，前队变后队，后队变前队，最后一辆上海牌轿车黯然退下生产线，直接开进了"运十"博物馆。

感时花溅泪，恨别鸟惊心，"八百壮士"再次撤离四行仓库。

◀ 1958 年 5 月，毛主席观看一汽试制的东风牌轿车时曾激动地说：终于坐上我们自己制造的小汽车了

◀ 1988 年，终于坐上我们自己组装的奥迪车了

▲ 1991 年 11 月 25 日，自主生产了 33 年的上海牌轿车停产，最后一辆"老上海"退下了生产线，并举行了欢送仪式

▲ 1937 年 10 月，上海四行仓库保卫战

为了让世界汽车走向中国，有位老总放言：中国汽车早晚都要融入全球汽车格局"6+3"。1990 年 12 月 19 日，二汽厂长陈清泰与法国雪铁龙董事长卡尔维在巴黎签订了中法合资协约。1992 年，神龙富康轿车下线。

不是东风压倒西风，就是西风压倒东风。

荆州失守。

历史又一次惊人的相似，为了结友邦的全球化，十四万人齐解甲，幻想着以市场换技术。但这个钟点房太贵了，望洋兴叹，无法满足先富们的轿车梦。

1990 年，中国一百家汽车厂的总产量才 51 万台，夏利、普桑等轿车仅 3.5 万台。那时的桑塔纳售价 18 万，价值一座小洋楼，至少相当于现在的 180 万。还要去控办申请名额，因为那代表着身份。那年，保定华北汽车的刘巨刚副厂长去"上锻"订购 1600 吨液压机时参观了上海大众，有个干部对他说：桑塔纳卖 9 万元都赚钱，只是国家不允许啊。

▲ 1990 年 12 月 20 日，中国二汽厂长陈清泰与法国雪铁龙董事长卡尔维正式签订合资协议，成立神龙汽车有限公司

▲ 1992 年 9 月，第一批组装的雪铁龙富康在神龙汽车公司下线

　　1991 年初，长城也开始了改装轿车业务，长城汽车驶入了第一个快速发展期。1995 年 8 月，长城牌轿车因质量纠纷被查，长城遇到了第二次更严重的生存危机。但是，魏建军仍然不想干农用车。

　　撑死胆大的，饿死胆小的。

撑死胆大的，饿死胆小的。为了生存，一些小企业看
到了商机。

1990 年 9 月 22 日，伴着韦唯和刘欢的一曲"亚洲雄
风"，保定的大迪"轿车"赫然出现在北京亚运会上，虽然
只是惊鸿一瞥，但也点燃了民间改装轿车的星星之火。

当年，天马和大迪都改装了上千辆，部分零件来自广
东东莞的四门一盖等总成散件，主要搭载 492 汽油机，再
借用整车企业的底盘合格证以客车的名义销售。虽然车证
不符，用户也都能托关系按 1 字头的轻型客货汽车上牌。
厂家卖一辆车就赚好几万，人们纷纷传说销售人员是如何
如何暴富的。大迪汽车的纪勇厂长更是名噪一时。

新官上任的长城汽车魏建军不可能不受到刺激。而事
实上，太行厂早已进入了汽车底盘领域，魏德义在中汽总
公司科技司何春阳副司长的鼓励下，1989 年就启动了前轮
独立悬架以及 6450 底盘的开发，1991 年成立了太行东伟
公司，先是配套三峰客车，进而染指汽车改装，更有模具
人才和资金实力。于是以太行东伟为经营主体，两家合作
开始了 1 字头客货车的改装和销售。虽然申报的标准属于
1 字头客货车，但因为外形就是 7 字头轿车，毕竟消费者的

嘴你堵不住。如果抛开这个数字游戏,三厢轿车本来就是一辆带后盖的小型客货车啊!

太行厂虽然胆大,但不专业,常跟长城的验收人员闹矛盾,魏建军也没少跟老爷子吵架,史宝起和胡克刚只能和稀泥。1991年初,长城也在自己的老车间开始了这类轿车的改装业务,还成立了第一个汽车配件厂自制转向球销,以期掌握轿车的独立悬架技术。

我们的理想,在希望的田野上。而乡镇企业本来就缺乏有文化的管理和技术人才,要卖乘用车,打通销售渠道成了长城汽车的当务之急。

1991年,王凤英加盟长城销售。

猛听得金鼓响画角声震,唤起我破天门壮志凌云。一个才女的外在之美,掩不住一个长跑运动员的惊人毅力,还有她那敏锐的目光,总能洞察汽车市场的风云变幻。

1992年初,从保定地区汽改公司内退的刘耀斌工程师从大迪出来加盟长城汽车技术科,黄勇从北航毕业后又于年底加盟长城。土专家刘振普负责简易成型模具的开发。袁福禄、郭喜军仍然抓生产,徐长城仍管供应,季文林会

▲ 长城改装车商标

▲ 早期的长城改装轿车广告

计仍管财务，还有史宝起主任，就像正在热播的"编辑部的故事"，这套班子虽然男多女少，但堪称新旧搭配，老中青结合，长城汽车驶入了第一个快速发展期。

作为乡镇企业，长城那时的工艺条件，造汽车跟修汽车差不多，货卖一张皮，全是手工活。底盘采用邢台红星的方管大梁，前后悬架还是钢板弹簧的，主要搭载基于丰田 4Y 技术的绵阳新华 491 汽油机，部分化油器还是翻新的。从此，说话拉长音的四川新华内燃机总经理王运先成了魏建军的座上宾。

车身的焊装、刮腻子都是扬州的钣金工朱老板家族承包的，人们戏称劳斯莱斯就是这么敲出来的。如果通不过质量验收就从劳务费里扣钱，他们有时为了劳务费还闹罢工。销售不畅时自然就会加严检验，备受非议的罚款满天飞就是这种承包制的产物，慢慢演化成了一罚就灵的基本管理工具。最现代化的调度工具就是对讲机。送车员就是修车员，送一路修一路，送到了客户手里，车基本也修好了。也恰恰因为手工活需要经验，长城更重视细节，魏建军这个技术迷也整天泡在车间里，研究学习日本车的结构和工艺，所以质量还是相对好一些。

追求轿车化的精致理念，潜移默化地形成了长城企业文化的基石。

1992 年，又是一个春天，有一位老人在中国的南海边写下诗篇。天地间荡起滚滚春潮，征途上扬起浩浩风帆！苏联刚刚解体，不要纠缠于姓资还是姓社的问题，发展才是硬道理。

"南方谈话"之后，中国经济开始活跃起来。

5 月份，长城轿车首次亮相北京国贸大厦汽车展，这种

▲ 魏建军（右一）在车间里向领导介绍新款改装车

外观酷似日产"公爵王"的改装轿车售价十来万，即使质量问题很多，仍然大受欢迎。

因为这迎合了中国汽车文化的第一铁律：有面子，省票子！而标致505却在这一年停产了。

看到了希望，就有了胆量。简易的喷漆线、冲压车间及800吨液压机也开始建设了。虽然是个改装厂，但魏建军想得更多的却是"制造"。

1993年初，长城在太行二分厂对面成立了车架车间，侯成当主任，购置了弯管机，开始自制车架。同时整车产销量也不断上升。

这时，国营保定汽车制造厂的第一款田野皮卡已经上市了。高碑店华北汽车的212吉普车身和石汽征天6450底盘也很畅销。重庆长安铃木刚于5月份成立了合资企业。

你坐你的车，我爬我的坡，这些对长城没什么影响，产品不同，体制不同，几乎还是井水不犯河水。

1993 年 10 月 23 日，我接过了魏建军亲手给我的 15000 元安家费，加盟了长城汽车技术科。不久，我一家三口搬出了保定液压件厂的一室一厅，住进了南河坡 90 多平方米的大房子。在当时来说，那笔安家费算是一笔巨款了！

我本来不懂汽车，也不会开车，你能想象不会开车的人怎么造车吗？不过那时也没几个真懂的，都是摸着石头过河，边干边学。何况当时的改装并不涉及核心技术。如果一个有驾照的人进长城上班，他多半会按专业人员分到调试车间干试车员。那时魏建军最佩服当地的修车神匠郭师傅，他凭声音就能判断进口车的故障，还敢打开发动机盖动手术。

而我不久却闹了个大笑话。我给一款新底盘设计车身底板时，没有考虑到螺旋弹簧后独立悬架的特性，轮胎跳动空间的设计余量不够，导致一批车在行驶颠簸时出现了轮胎蹭轮罩，只好全部大返工。这个低级错误直气得魏总吼了我好几次。

除了车架，改装轿车的主要工艺还是车身，而手工敲打费工费时保证不了质量，一个四面带止口的顶盖就要两张铁板涨打半天才能焊合而成，小工头朱生康发明了在土模上用一张铁板成型法，那就算是技术创新了。所以，魏建军非常重视刘振普这个来自清苑县石桥村的土专家，也常跟他在一起喝个小酒，天天研究车身模具，甚至考虑采用沧州泊头的低熔点合金技术以实现短平快的开发。

1994 年，液压机和模具的投入使用极大地提高了改装

▲ 1994 年的长城改装车（GREAT 标）

轿车的生产率，更增强了魏建军要自主开发一款新型轿车的野心。马家军说了，世界纪录，想怎么破就怎么破！

也许太超前了吧，他看上了日本的家用轿车丰田花冠，虽然多数领导都说花冠窄小，远不如皇冠气派，但他坚持认为这符合未来的趋势。于是耗资几百万，开发了部分框架模具，试制了几部样车，搭载 462 汽油机，还起了个很洋气的名字——豪克，最终因没有客户喜欢而放弃了。这是长城首次尝试新车型开发失败而缴的第一笔学费。

想想当时的条件，连"三大汽车"都被跨国公司收编了，中华牙膏厂被英国联合利华控股了，出口名牌"美加净"牙膏也快被"洁诺"挤没了，知名品牌北京熊猫洗衣粉被美国宝洁并购了，中国的"熊猫"换成了"碧浪"，我们小小长城也未免太天真了，只能依赖社会资源，继续组装公爵王款的商务轿车。

同时，张济明科长带着金红建工程师负责建设 5000 平方米大车间的总装流水线。

到了 1994 年下半年，长城轿车终于搬到了流水线上批量化组装，这时的营销总经理王凤英也敢带着客户参观我们的"现代化"工厂了。不久，单月生产突破了 100 辆，有时达到了日销 10 辆车，职工工资也随着产量增长。三峡工程 12 月 14 日刚刚开工，腊月二十六，我们都在高高兴兴地打扫卫生准备放假了，黄勇看着下面院子里的客户不解地说：都快过年了，怎么还有人来买车？长城全年销售了一千多辆，当时的经营状况已经日进斗金了。

可是，又有几个人在春风得意时会居安思危呢？天津大邱庄的庄主禹作敏刚刚倒下。中国虽然第一次接通了世界互联网，但乡镇企业并不善于了解政策的变化。1994年，正值纪念甲午战争 100 周年，国家开始推行分税制。3 月 12 日出台了第一部汽车产业政策，旨在扶持大集团，

◀ 河北长城集团有限公司在 1995 年正式成立

避免"恶性"竞争，治理散乱低慢，严格认证管理，这为改装轿车的发展埋下了一颗定时炸弹。

但是，中国人从来不重视排弹和预防，该来的还是要来。12月8日，一场克拉玛依大火夺去了325个小学师生的生命，那句"让领导先跑"震惊中外。所以1995年初，全国开展了消防大检查。长城也不例外，动火作业必须经过严格的批准和监督。这时，轿车的生产已经如火如荼，尤其太行厂的车型品种五花八门，根本来不及充分地试验验证，售后管理更是鞭长莫及，纸里终于包不住火了。

1995年8月11日，正当长城冲刺月产200辆时，太行东伟生产的长城牌轿车因质量纠纷在沈阳被查，并遭到报纸的曝光，机械部于光远部长亲自批示全国严查。顿时，长城轿车全线溃败，生产经营陷于停滞，干部职工人心惶惶，长城遭遇了第二次更严重的生存危机！

踏过荆棘苦中找到安静，踏过荒野我双脚是泥泞。一场轿车梦碎，二两酒也让人心醉！魏建军最爱打的乒乓球也落满了灰尘。邓丽君刚刚在泰国香消玉殒，他最爱听的"北国之春"也充满了"爱的寂寞"。退一步也许海阔天空吧。心急如焚的他想到了技术门槛更低的农用车。

国家本来就不希望乡镇企业跟国企抢人才、抢资源，就催生了既非农机也非汽车的农民用车，特别适合农机厂土法上马。山东的时风三轮就卖得不错，又听说福建的更先进，他就派刘耀斌从漳州买来了农用面包车和货车，但他在库房看了不到十分钟就失望地说：这么低的水平能有什么前途啊？咱可是干汽车的啊！

一席话说得大家无语了，回头不是岸哪。

◀ 山东诸城机动车辆厂寻求大车企合作遭到冷遇后，恰好看上了北汽摩1022小卡车。以此车型为契机，1994年1月，诸城机动车辆厂全资并入北汽，开始了快速发展

◀ 1995年3月，长安铃木第一辆奥拓SC7080试制成功

◀ 1995年8月，北旅成为中国首家上市的外商投资企业并引进五十铃WFR客车

六　组装皮卡，民企竞国营

　　我们肯定能打败田野！ 1995 年 9 月，魏建军明确提出了干皮卡，并于 1996 年上市。凭着"每天进步一点点"的精神，长城皮卡总算活下来了。

　　没有伞的孩子更会奔跑。

看来干汽车是绕不过去了。有了改装轿车的第一桶金，其实魏建军也不想绕了。市场里没有"六尺巷"，宁可找死，也不能等死，他的左手持拍打法与常人不同，永远是王楠式的迎头进攻。明摆着，号称国内首创的田野皮卡就在身边，长城凭什么放着河水不洗船呢？1995年9月，魏建军明确提出了干皮卡，但我们不少人还是顾忌国营企业的家大业大和政府支持。但他说道：就因为保汽是国营我才敢竞争呢？咱们的民企体制才是最大的优势！别看他们有政府支持，有厂房设备，但国企很难搞得好，他们不就是有套车身模具吗？垄断不了。我们肯定能打败田野！

当阳桥前一声吼，喝断了桥梁水倒流，魏建军的自信打动了所有人。虽然叫板保汽很敏感，但他不在乎别人说什么。革命不分先后，只分先进和落后。在那个播种的金秋时节，一朵野菊花孤芳待放，长城真正踏上了走向王者的征途。

忽闻海上有仙山，山在虚无缥缈间。

说到皮卡，我们自然要介绍一下头号竞争对手了。保定汽车制造厂在20世纪80年代曾生产121、213等北汽的车型。其实北汽121也算是国产第一代准皮卡吧。1989年，李平玉厂长在北京大街上偶然看到一辆丰田Hilux皮卡，就让司机加大油门追着看。回去后很快进口了样车，

▲ BJ121 小卡

组织王振东、郝彦学等仿造开发，委托台湾国璋开发车身模具，并于 1993 年上市。先是搭载 492 汽油机，后来搭载一汽二发厂引进的克莱斯勒 488 汽油机，单价 12 万以上。1995 上半年就产销了两千多辆。

风光无限的李平玉自然是雄心万丈，眼看着年产万辆的目标 1996 年就能实现了，投资 5 个亿的南郊新工厂已经动工，一个皮卡帝国即将在他的手上诞生了。

可他万万没有想到，一个"卖草鞋"的年轻人瞄准了他的软肋，田野的辉煌到顶了。

再说进入皮卡产业，魏建军首先得到了何春阳的支持，这位老前辈原来是中国民企造车的第一个"教父"。举世皆浊我独清，早在 1988 年，何春阳在中汽总公司当科技副司长时，就蔑视崇洋媚外，主张自主创新，参考日产途乐，

保定汽车制造厂办公楼

▲ 保定汽车制造厂

▲ 早期的田野皮卡

组织邵阳汽车、石汽征天、江苏黎明等杂牌军，联合开发了6450客车，可以说，这是中国第一款真正意义上的自主SUV，曾年产5万辆，这次拓荒也催生了中国第一批丹阳等地的私营零部件产业。

但何春阳的亲民做法是与"三大三小"竞争，自然不受"洋务派"喜欢。1994年，中汽总公司被剥离行业管理职能，他就没有升入机械部汽车司，而是主导了"中客公司"，凭着一纸底盘资质，继续组织地方游击队，如华北、江淮、小金龙、牡丹汽车等，联合开发了考斯特客车6600，搭载江淮底盘，成为短途客运的主力。虽然中客公司常被主流企业讽为皮包公司，但作为民企造车的"第三世界"领袖，哪一战不为江山不为黎民？他播下的自主抗争种子，已经一苇渡江，星火燎原。

1995年9月初，也是在何春阳的提议下，我陪魏建军首先参观了近在咫尺的高碑店华北汽车厂，还名义上加入了华北汽车集团，那时候叫集团才时髦。白副厂长带我们参观了大冲车间。当看到1600吨以下的几条大冲线竟然写着1985年建成时，我都被穆喜恒老厂长的丰功伟绩惊呆了，怨不得东风汽车都想并购他们呢！但他们只有半套Hilux皮卡模具，还形不成供货能力。当时谁也不会想到，仅仅5年后，华北厂反而被长城汽车并购了。

9月25日，深秋的沈阳凉风习习。我陪着魏总走出了桃仙机场，双福公司总经理吴立人披着半大衣热情地迎了上来。在物美价廉的南方商品冲击下，东北的国企大量破产了，人们恨死了温州个体户。这个台资企业就是由沈阳大拖拉机厂改制而来，台湾人李诗清投入了一套Hilux模具。参观完后，魏建军提出了产销2000台皮卡的战略目

▲ 江苏黎明改装车

▲ 牡丹客车（考斯特）

标，但马副总苦笑着说：安徽扬子皮卡才卖了多少？你能卖1000台就不错了。但是不管多少，双福全力支持长城，并派齐立宣和王绍新长驻保定。从此，双福的命运几乎完全拴在了长城皮卡的战车上。

开弓没有回头箭。我跟郭喜军马上去安徽的扬子皮卡厂暗访。环滁皆山也，扬子厂的生产也很萧条，新建的电泳线都舍不得投槽。

虽然当时的开发还算不上真正意义上的研发，但是没有亮点怎么跟田野竞争？鉴于一汽488发动机存在烧机油问题，魏建军更信任丰田的先进，坚决选用绵阳491汽油机。本来绵阳厂对田野就憋着一肚子火呢，所以跟长城的亲密合作犹如唇亡齿寒，同仇敌忾。

底盘是皮卡的基础。除了汽油机，丹东曙光的前后桥再贵也得用。1995年10月底，太行二分厂并入了长城汽车桥厂，开始开发橡胶件和皮卡前后桥。胡克刚继续任总经理，魏宏、许宏泉、吴子龙还是骨干。

作为一个改装企业，即使远水解不了近渴，长城也大胆迈出了整车制造、掌控核心零部件的第一步。

至于其他的零部件，供应科无非是遍求田野的供应商体系，比如唐山爱信公司的变速箱、河北香河或大连的车架，常州力得的仪表板等，我们技术科负责装配。从此，唐山的孟总等大供应商的领导也都成了魏建军的老朋友。

外购焊装线太贵，金红建就聘请田野的技术人员晚上过来指导，简陋的生产线同样经济实用。

1995年12月16日晚上，寒风阵阵，天天跟着加班的魏总在车间里启动了第一辆手工组装的皮卡，开了一圈，他终于笑了，旁边的我和郭喜军、黄勇、王峰林似乎也看到了生存的希望！就像一个月前，牟其中的南德集团刚刚在俄罗斯发射成功了全球第一颗直播电视卫星！刚走出车间，我激动地对黄勇说，今天是我女儿的生日！

经过半年的东拼西凑和土法上马，1996 年 3 月 31 日，长城在总装车间举行了迪尔皮卡上市仪式。春回大地，好一朵美丽的茉莉花，芬芳美丽发了芽。在"每天进步一点点"的号子声中，长城汽车正式踏上了新的起跑线。

1996 这一年，因 3D 电影《玩具总动员》而大获成功的乔布斯又回到了苹果公司。硅谷，就有这样一群叛逆者和冒险家，凭着颠覆的勇气，追求卓越和极限。

中国的部分精英们也摆脱体制的束缚开始南飞了。尹同耀从一汽大众刚回到芜湖，协助詹夏来创办奇瑞汽车。也许，他目睹了小红旗像奥迪的换"心"工程，我们奇瑞怎么就不能来个换壳工程呢。台州李书福的吉利摩托车已经年产 20 万台，也瞄上了四个轮子的轿车。王传福的深圳比亚迪刚成立了一年，就启动了锂电池的研究。北汽摩诸城车辆厂的王金玉开着农用车进京昌平，"劫持"了百家法人办福田。料定了汉家的业鼎足三分，他们都冲着汽车来了。

但在政府的眼里，长城顶多是给"宏观调控"添点乱。在田野的眼里，长城也不过吃碗剩饭罢了，还算不上挑战，除了商标不同，长城皮卡的外形跟田野长得一样，美得雷同。1996 年，李平玉依然把大量贷款投在了新厂建设上，国企更看重的是宏伟的规模和漂亮的硬件，还是迷信小红旗的 488 轿车发动机。尤其是田野在各地投资兴建的独立分销公司，很快都变成了掏空田野的老鼠仓。去年实现的 6000 台销量注定成为李平玉的绝唱。

▲ 1996 年 3 月 31 日，长城首款迪尔皮卡下线

▲ 1996 年初的迪尔皮卡（TGW 标）

人家的闺女有花戴，穷人的孩子只能提篮小卖了。王凤英带领着张新、张彪、庞金柱踏破了铁鞋，去全国各地机电公司寻求代理。凭着 8.58 万的较低价格，长城皮卡的销售渐渐有了起色。但不论多么萧条，王凤英始终坚持少投入、不赊销的 1+1 驻点死守政策。此后，长城在渠道建设和广告投入方面也从不急功冒进。

而此时的技术管理显然跟不上产销的发展了。面对那么多质量问题，只有七八条枪的技术科疲于奔命，我手持对讲机上蹿下跳，一听到"501"的呼叫脑袋仁都疼。除了刘耀斌懂得动力性、经济性的计算和匹配，那时还谈不上严格意义的主动设计，大多数零部件没有图纸，每个供应商都派人在工位上维修服务，榔头和卷尺是工人的必备工具，试装和试驾是唯一的检测手段。

我们技术科更多的是编制零件目录、工艺流程和检验方法，然后根据质量反馈陪着供应商擦屁股。就连螺丝螺母也没有算对过，到了月底剩下一筐螺丝都不知怎么来的，这成了人们拿技术科开涮的笑柄，气得魏建军也当面封我为"清苑县的工程师"。到了质量会上大家吵成一团，最终的根源还是技术。我也是会上乱找原因，会下督促供应商改进。

1996 年的夏天格外炎热，南方个体户们开着皮卡经商非常方便，但空调不凉招致了骂声一片。我们这才意识到，皮卡不是 121，原来小业主们开始重视生活质量了。空调技术看不见摸不着，当时已经算高科技了。在郭喜军主持的质量会上，我作为技术科长，和供应科一样难辞其咎。魏建军果断决定停产整顿，全部停用保定的空调器，并按技术科的分析换上了江阴的，还要每车多次进行出风口温度测试。此举让生产、调试和检验系统草木皆兵，怨声载道。但长城对每个问题都不放过，纠正为止。

魏建军不就事论事，他还要治本。他怀疑供应科除了技术不懂什么都懂，虽然杨科长还是他的亲戚，但他不搞一团和气。不久，他决定改由技术科选择定点供应商，增加双轨制，全面对质量和成本负责，同时向郭喜军汇报。在年底召开的配套会上，采购合同由我签字生效，供应科只负责执行。我可能是国内第一个直接签订采购合同的技术科长吧，甚至今天也不多。其实，这是长城第一次大的流程再造，并奠定了完整意义上的大开发体系。业内多数人至今都不认可，这种高度集中的扁平化管理模式，是长城最"毒特"的核心竞争力之一。

1996 年销售了 1300 多辆，长城皮卡总算活下来了。看看当年股市的暴跌，这个成绩也算及格了。

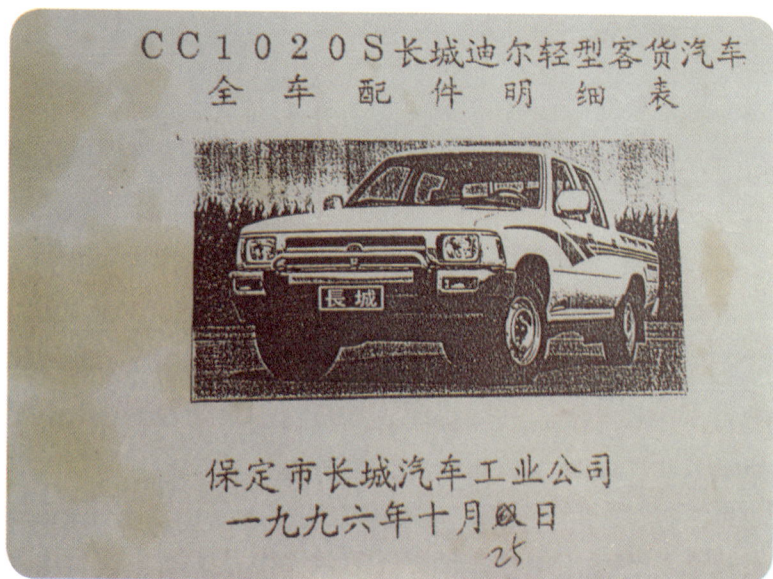

CC1020S长城迪尔轻型客货汽车
全车配件明细表

保定市长城汽车工业公司
一九九六年十月　日

▲ 1996 年初，已停产的长城改装轿车和刚投产的长城轿卡（TGW 标）——摄于新疆火焰山

▲ 1997 年 9 月，长城轿卡（TGW 标）参加乌鲁木齐贸洽会。后面是白色的田野皮卡

　　而田野差不多也损失了这么多销量，他们这才真正感到了长城的威胁。1997 年初，两家很快陷入了激烈的同质化竞争。但长城也拿不出什么高新技术来，于是重点狠抓微观质量，保证装配精度和漆面美观，将两次中涂改成一次中涂，减少了刮腻子用量降低了生产成本，走出了精益生产的第一步。

　　但 1997 年的增长仍很缓慢。为此，魏建军也一度想组装 212 吉普用于出口，11 月 11 日我陪他去了蒙古国乌兰巴托考察越野车市场，那里是德国二手车的天下，人们也非常认可苏联嘎斯吉普的低温可靠性，但中国一些小车企的杂牌 212 已经砸了牌子，这让魏建军感到非常痛心。有一次谈到做大做强时，他悲观地说：皮卡的市场太小，我的个人水平也顶多管 2000 人，再多怎么管啊？

▲ 魏建军在乌兰巴托详细了解嘎斯吉普车

臣本布衣，不求闻达于诸侯。

在举国欢庆香港回归的 1997 年，温州的廉价打火机出口已经全球第一了，长城汽车才销售了 2010 辆，仍然没有摆脱吃剩饭的处境。

干革命为什么这样难？看来，咱们比不了合资企业，光会组装怎么挣钱？

没有伞的孩子更会奔跑。

1996 年，基于奥迪 100 平台的一汽红旗 CA7220 轿车上市

1996 年 5 月，上汽与博世合资成立上海联合汽车电子

七 垂直整合，品牌是生命

　　魏建军说过，要靠体系挣钱。从 1997 年开始，长城就有了自己的空调、线束、座椅等零部件企业。1998 年，长城在与田野的价格战中胜出了。他以丰田为标杆，市场目标也第一次瞄向了海外。

　　这时，吉利第一款豪情轿车在临海下线了。

　　这一天，魏建军看着窗外来来往往的供应商说，老张以前开着夏利送货，现在都坐上奥迪了，怎么赚钱这么快？他供的破件咱们不会干呐？我们肯定比他好！我心里直笑，你吃饺子还不许别人喝汤啊？商人就是要追求利益的最大化，从 1997 年开始，长城就有了自己的空调、线束、座椅等企业。他不止一次说过，不是光靠整车挣钱，而是要靠上下游体系挣钱，就连售后服务也是可以赚钱的。

▲ 1998 年 4 月，长城汽车技术科

▲ 保汽，田野皮卡

　　李平玉可看不起这些小钱，正好时任河北省省长叶连松刚视察了保汽，又给了田野 3000 万的扶持资金。1998 年初，保汽重新拾起了淘汰的 121 底盘和 492 汽油机，在央视打出了"四万八千八，田野开回家"的著名广告。这次田野出名了，但在消费者的心里，也永远戴上了低质低价的紧箍。

　　1998 年 6 月中旬，何春阳为了让我们开开眼界，带着魏建军和我去合肥参加了江淮汽车的客车年会。看看江淮的发展，左延安也称得起英烈一门。魏建军很受刺激，这也直接影响了几年后的长城一度试水大客车。当天晚上，我俩在合肥的宾馆里就讨论如何提高市场占有率。回到保定，魏总马上在北楼办公室召集郭喜军、王凤英开会。他分析到，除了皮卡对手，轻卡、农用车、海狮、微客抢了皮卡的生意，我们现在没别的办法，干脆一步到位降到

▲ 1998 年，长城迪尔皮卡（城墙标）

73800 元，而且不会赔钱的。

　　6 月底的一个周五，王凤英要求庞金柱必须第二天上报纸公布"飓风行动"，长城打响了皮卡降价的第二枪。

　　面对着这次你死我活的价格战，魏总拿着田野的广告闲庭信步，对王凤英笑着说，看他们能赔几天！但我们的皮卡千万要保住牌子。

　　不出所料，在抗洪救灾的 1998 年，保汽不是严防死守品牌的大堤，而是自掘管涌来泄洪。九江大堤决口了，田野皮卡再也没有站起来。

　　"我只道铁富贵一生注定，又谁知人生数顷刻分明。"这一年，索罗斯挑起的亚洲金融危机正在爆发，许多响当当的老牌国企更是首当其冲。

一树红花照碧海，一团火焰出水来。

1998 年 8 月 8 日，吉利第一款基于夏利平台的豪情轿车 1.3 在临海下线了，电喷款售价 47900 元。李书福摆了 100 桌宴席，就是没人来捧场。唯有叶荣宝副省长疾驰 300 公里赶来，这让李书福感动地快哭了。没有资质，先借用四川德阳汽车厂的 6360 公告。后来有人问豪情是谁设计的，李书福的回答直言不讳：钣金工！为了一个美丽的追求，正在官方质疑轿车该不该进入家庭时，他不顾别人的冷嘲热讽，从四个轮子和两个沙发手工做起，第一个造出了俺们老百姓买得起的轿车！

而他对政府的唯一要求仅仅是：我一不偷二不抢，给我一次失败的机会！

▲ 1998 年，吉利汽车，右一是李书福

▲ 1998 年 8 月 8 日，吉利首款豪情轿车下线

这个台州的民企老板想申请目录，连国家计委的门都进不去。李书福靠帮着清洁工干活才摸清了几个主任办公室的位置，但也没人理他。后来曾培炎到浙江表达了"不反对也不支持"态度才让他看到了一点希望。

总想对你表白，我的心情是多么豪迈！总想对你倾诉，我对造车是多么热爱！

几乎与此同时，广州本田汽车公司 7 月 1 日合资成立。鸠山设宴和我交朋友，这次日本朋友带来的是先进的"雅阁"。

1998 年 12 月 17 日，上海通用的首款轿车别克新世纪下线，美国车的费油和日本车的省油形成了鲜明的对比。

但官方并不在乎这点油，12 月 26 日，北京市公安局发出通告，在 7 时至 20 时，长安街禁止吉普车、旅行车、轻型小客车和小于 1.0 升的小轿车通行。

很快，其他大城市群起效仿，老百姓喜欢的便宜国产车纷纷被限行！

► 1999 年 3 月 26 日，
广州本田雅阁轿车
下线

► 1998 年 12 月 17 日，
上海通用的首款轿车
别克新世纪下线

► 长安之星

可民企无法通过合资搞引进，只能自己去学习。

1998 年 12 月 1 日，也是江泽民同志访日回国的第二天，我陪着魏总和区领导去日本考察。动身前我突击了一下日本史，真令人顿足捶胸。

稍早于清末的戊戌变法，1868 年的明治维新让日本摆脱了封建主义成为工业强国，1894 年的甲午战争日本战胜了 GDP 名列前茅的大清国，二战失败后又被麦克阿瑟领进了现代资本主义的"独木桥"。日本人相信丘吉尔说的，民主不是最好的制度，但是没有更好的制度。无论哪种民主都是无数国际先烈抛头颅洒热血换来的，怎能让西方人独享呢？不学白不学，日本人真是贪得无厌。遣唐使已经学走了中华文化，近代又勇敢地"脱亚入欧"。可中国的慈禧太后就不吃康有为的洋衣药片，连亲欧都不许。

不改革，就改朝。

这个仅有 37 万平方千米的弹丸之国山多地少，资源贫乏，却有 1.26 亿人口，竟然还不搞计划生育。我们第一次看到有那么小的厕所都回不了身，照样一尘不染。那么窄的道路还车水马龙，那么立体的交通所以不用立交桥，行人密集处都有横跨马路的钢架天桥。政府鼓励购买 3.5 米的 0.66 升微型轿车，基本看不见进口车。看不到广场和大门，所谓大理石瓷砖一摸是塑料的，垃圾都分类，一棵树也不许砍，老板 80 多岁了还上班，职务和薪酬论资排辈，总经理的工资也高不了多少，人们的工作精益求精，送客一定鞠躬致意。最好的建筑是学校和医院，孩子上学也不靠希望工程。通产省随便进，课长就坐在办公室的门口。魏建军还特意去参观了一家规模不大但管理先进的日本医院。我们忽然对什么叫资本主义都有点糊涂了。

　　魏建军本来就是个怀疑论者，从不相信什么"半部论语治天下"。尤其在企业管理上不提倡中庸之道，他更崇尚的是敢于创新和现代科技。

　　而在丰田展馆，日本的尖端技术让我们大开眼界，刚上市的普锐斯混动技术不可思议。我们在各种新车型面前流连忘返，魏建军对 TPS 精益生产方式印象更深了，这里才是 Hilux 皮卡的老家啊。尤其看到一群少年学生也在丰田展馆学习，魏总感叹道，中国的爱国主义教育基地就缺这个！此后的 10 多年，不管生吞还是活剥，长城一直以丰田为模仿和学习的标杆。

　　以至于 3 年后，为了评估关联企业——太行钢构公司的发展战略，魏建军还认真调研了建筑产业的发展趋势。他认为，传统的水泥建筑导致了过高的能耗、资源的破坏和严重的污染。中国应该学习日本，采用标准化和产业化的钢构设计和轻质砌块，以大大减少水泥的用量。

　　其实，长城的精益管理实践并不亚于丰田，只是日本的企业文化无法复制。世界上没有两片相同的叶子，丰田的创新根植于每一个人的培养和潜能，我们的模仿停留在每一分钱的节省和投机。中国风行的"工业学丰田"运动跟 9000 认证一样，只反贪官，不反皇帝。可惜三缸墨，一点赛羲之。

　　1998 年，长城皮卡销售了 5700 辆，低调地坐上了皮卡销量冠军的宝座。根据改制政策，再加上承包协议，魏建军获得了 25% 的股权。从此，这个乡镇企业成为产权明晰的民营股份制企业。

　　魏建军的目光更远了，他的目标也第一次瞄向了海外。国贸部刚成立了一年，邢文林调任总经理，郑国庆负责中

东业务。12月7日，长城皮卡第一次实现批量出口沙特
240台，自此连续5年蝉联中国汽车出口冠军。

这时，还有一个港商徐增平看得最远，他竞标买下了
乌克兰的瓦良格号航母平台，要为打造中国的海上长城添
砖加瓦。

◀ 1998年，长
城皮卡批量出
口中东

◀ 1998年，购
自乌克兰的瓦
良格号航母平
台艰难启程了

八 皮卡称王，货车难进城

　　1999 这个大旱之年，国营田野皮卡生产了 2850 辆，长城则超过了 13000 辆。吉利和奇瑞这两个自主轿车的敌后武工队，打响了农村包围城市的第一枪！不同的是，长城皮卡的命运是不许干轿车。

　　我是一只小小鸟，想要飞，却飞也飞不高！

面对着同室操戈，田野资金链的断裂，市政府坐不住了。1999年5月，保定市政府提议成立汽车联合集团。但田野高层自认为虎落平阳也是虎，魏建军更要绝对掌控不折中。他早说过，国企要是不腐败，咱们小米加步枪打得过正规军吗？所以他要坚持自己的民营体制永不变色，管理机制永不污染。最后，付志方市长也没法拉郎配。

随着销量的增长，魏建军对发展核心零部件更有信心了。但是不能闭门造车，要走出去学习。6月中旬，郭喜军副总带着骨干领导参观上海国际车展，而且主要参观了零

▲ 1999年6月，长城汽车副总郭喜军一行参观上海国际车展

部件展区。

落后的生产线产能不够，开始三班倒了。9月11日，我陪魏总去广东考察美的模具厂，又到了南海福迪汽车厂会晤了叶青总经理，但他对福迪那套五十铃皮卡车身以及更深层次的合资合作不感兴趣。9月17日，石汽天同的谷全成一行拜访魏建军，表达了在石家庄成立合资公司的愿望，他们早就半停产了。因为石汽有底盘权，而这一直是长城的短板，所以双方互访后进展很顺利。

这时，远在沈阳的金融大鳄华晨集团董事局前主席仰融闻到了腥味。穿林海跨雪原，气冲霄汉，华晨早在1992年10月就在纽约上市，首次用金融杠杆四两拨千斤，创造了金杯客车的辉煌。1998年又重组了沈阳航天新光和绵阳新华发动机，控制了491资源。仰融不久前还让王运先游说魏建军，我搭台，你唱戏，折子就是"收姜维"。

现在长城和田野鹬蚌相争，这不正是再造一个华北金杯的好机会吗？9月，保定市政府见华晨财大气粗也就忍痛割爱，田野赶紧抓住了这根救命稻草。双方很快达成了合资成立中兴汽车的意向，华晨财务专家肖伟出任总经理。

就在国庆节的前几天，马上就要隆重举办长城皮卡年产破万辆的庆典了。这时，田野抢先登出了与华晨强强联合、打造皮卡航母的整版广告。我随即起草了一个联合石汽、重拳出击的应战广告。1999年10月1日，长城皮卡年产破万辆的庆典仪式就在这样的硝烟中举行了。官方可能怕站错了队吧，主要市领导没有来，省厅汽车处只派了杨彦林科长宣读贺信。

你是风儿我是沙，从山野飞来的小燕子何时才成还珠格格？虽然手心手背都是肉，但在经济地位上，魏建军和李书福没有区别，都是计划经济的备胎。

华晨的介入深深刺激了魏建军，石汽的插足也刺激了政府。11月份，省市领导极力主导长城重组高碑店的华北汽车，穆亚丽厂长指派刘巨钢与我们马上展开了谈判，12月底就签订了合资成立长城华北汽车公司的协议，长城斥资8000万元，胡克刚赴任总经理。长城皮卡的生产能力立刻达到了8万辆。我和金红建也随即去了高碑店负责东厂区的扩建，准备投产国外最流行的一排半新型皮卡。

虽然华晨系来势汹汹，但魏建军担心的不是中兴，而是华晨控股的绵阳新华发动机。市场上开始疯传长城的发动机要断顿了。他一方面疯狂下单囤购新华发动机，同时又考察天津汽车发动机厂的丰田原装491资源，最后秘密联合沈阳双福合资成立大拖发动机公司组装491。后来等华晨方面明白过来也晚了，他们很快失去了这个最大的市场，还逼出了长城自制发动机的核心能力，真是赔了夫人又折兵。

1999这个大旱之年，田野生产了2850辆，长城则超过了13000辆。

危机就是转机，对手往往是最好的老师。对长城的初期发展起了最大激励作用的，恰恰就是李平玉和仰融。他们不是仇人，是贵人。

竞争，是企业家的本性。

▲ 保定长城华北汽车有限公司

▲ 1999 年 9 月，奥迪 A6 下线

一汽大众的奥迪 A6 下线三个月后，那个曾经的车间主任尹同耀在安徽露面了。1999 年 12 月 18 日，基于捷达平台的奇瑞风云轿车 1.6 在芜湖下线，售价 88000 元。难能可贵的是，奇瑞 1996 年就买来英国福特淘汰的发动机生产线，自主开发成功了轿车汽油机，具备了真正意义上的核心制造体系。但国家每年都喊着产能过剩，地方国营毕竟不是央企，顶风造轿车更不会获得资质，奇瑞只好先在安徽、四川等地走小目录定点销售。

在举国欢庆澳门回归的同时，詹夏来的第一个孩子生逢其时。

1999 年 11 月 20 日，"神舟一号"飞船发射成功，中国的人均 GDP 达到了 850 美元，东部沿海地区基本实现了小康水平。马云的十八罗汉在杭州的公寓里创办了阿里巴巴，决心先在互联网领域打造软实力。很快，马云获得了软银集团孙正义的 2000 万美元大股东投资，这个 IT 领域的中日合资企业就要大闹天宫了。

但中国还没有实现四个现代化。吉利和奇瑞这两个自主轿车的"敌后武工队"，打响了农村包围城市的第一枪！

长城皮卡已经兵临城下，但"知青"的命运只能上山下乡，皮卡不能进城，长城也不许干轿车。这山望着那山高，王凤英经常埋怨，光干皮卡上不了档次，二等公民进不了主流。

我是一只小小小小鸟，想要飞，却飞也飞不高！

但是，王凤英却偏要让皮卡飞起来。她又想到了轿车。

她想借用轿车品牌的专营店销售模式，集销售与服务为一体，来彻底改变皮卡销售的散乱差局面，再通过 VI 设计，以塑造长城汽车的专业品牌形象。这个方案一拿出来，

▲ 1999 年 11 月 20 日，"神舟一号"飞船发射成功

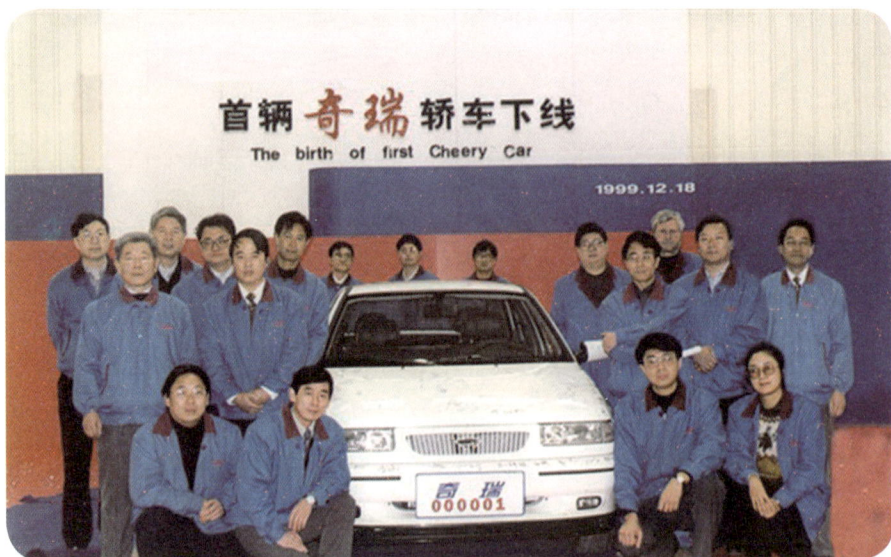

▲ 1999 年 12 月 18 日，首款奇瑞风云轿车下线

别说经销商们不理解，就是魏建军也难以认同。以往的皮卡销售都是大卖场，售后服务更不规范，咱们的卡车档次低，怎么敢比轿车呢？再说建店要花钱的，田野皮卡就是自建分公司被拖垮了的。

王凤英的新思维遇到了从上到下的阻力，她只好以曲线方式寻找突破口。

1999 年冬天，王凤英带着市场部部长胡树杰和售后服务部部长柏永华来到了皮卡市场的最前线——广东，她找到了快消品领域的知名品牌营销专家——中山大学的卢泰宏教授，让他给经销商们培训，灌输品牌专营的理念。很快，卢教授来到了保定面见魏建军，双方终于达成了合作，确立了品牌专卖店的最新营销模式，加强了经销商的售后服务责任，制定了多样性的促销返利政策。从此，长城皮卡的销售真正走上了正轨，皮卡冠军的宝座根基更稳了。

南方的李书福也要飞，他还要给中国的大学插上一个民营的翅膀。他正在筹资 8 亿元，以全新的理念，准备创办中国最大的民办大学——北京吉利大学！他早就痛心地看到，教育思想的落后才是病根。

外国人在外国造的车能在中国卖，外国人在中国造的车也能在中国卖，但中国人在中国造的车有时却不能在中国卖！1999 年 5 月 8 日，中国驻南联盟大使馆被美军战斧式导弹"误炸"，虽然人们都骂克林顿，但与美国企业的汽车项目合作并没有受到什么影响。

西方的基督教堂都建在市井街边，教堂就是学堂。中国的佛道庙宇都建在深山老林，为了消极避世。殿前无灯凭月照，山门不锁待云封，龙的传人修成了不醒的睡狮。

1999年3月9日
星期二 农历己卯年正月廿二

天气预报
今夜 多云 降水概率20% 偏东风一二级 最低气温零下3℃
明天 多云 降水概率20% 偏东风二三级 最高气温6℃

九华山庄
会议餐饮娱乐保健 电话:61782288 转销售部
九华体检保险卡 电话:66015324 66015334

北京晚报
BEIJING EVENING NEWS 网址//www.ben.com.cn 第9810期 今日24版 ¥0.40

近期,国务院将专门审议北京治理大气污染的目标和对策

绝不让污染的大气进入新世纪

市委书记贾庆林谈到北京治理大气污染时的一句话"我们已经没有退路了",几天来引发了代表们对这一问题更深切的关注。在昨天的全团讨论会上,有关环保的...

首都的环境污染,首钢有不可推卸的责任,无论怎样,首都都比首钢重要。他说目前首钢已经采取了一系列环保措施,如每年限制钢产量不超过800万吨,采用新技术改造传...

护和改善,除了大气污染,目前,北京还面临荒漠化的威胁,最近的一个沙丘距天安门只有72.5公里,而且它还在不断前移,流经北京的几条河流污染也很严重,发生...

本报讯(记者沈文愉)随着信息技术的发展,搭上国际网络直通车的文化企业面临着一场新的革命。北京图书大厦网上书店今天下午5时正式开业。

北京图书大厦网上书店软件系统主要包括基本网页、基本数据管理和日常数据管理三大部分。其中基本网页包括"网上购书"、"图书排行榜"、"推荐...

买书不

北京图书大厦

悉尼奥运会火炬亮相。这炬长72厘米,其形状像一色的飞镖。

▲ 1999年初,国务院就决心治理北京的大气污染了

九 控股动力，核心体系精

2000 年，为了开发越野车，长城成立了最早的产品开发部，控股组建了发动机公司，投产了一排半皮卡。出身卑贱是魏建军的一块心病，挣脱"1"字头的车型束缚是当务之急。

建设现代化企业的概念首次提了出来。

2000 年的钟声敲响了，欧元区诞生了，普京就任了俄罗斯联邦代总统。勤劳勇敢的中国人，意气风发走进新时代。3 月 27 日，在西北肆虐 10 多年的沙尘暴也第一次敲开了北京的大门。

大部分专家提出大城市不利于发展私人汽车，还是蹬自行车有益健康，遇上沙尘暴戴口罩就行了。有个漫画讽刺轿车进入家庭，一个人背着轿车正在爬楼梯呢。知名战略咨询公司麦肯锡在中国发展趋势的研讨会上认为，中国仍是以公务购车为主。而发改委 2000 年初的调查也显示：2015 年后中国才会出现大量私人购车。

真不知道，中国有多少产业和企业就是在美梦中死于了某些咨询公司的洋衣炮弹！

2000 年 6 月，一汽、天汽与丰田成立天津丰田汽车公司。而首款车型就是威驰家轿！可吉利、奇瑞现在仍要给老百姓造买得起的轿车，还要申请轿车资质，这跟政府治理"散乱差"的方针相违背。人们认为开发轿车要投资几十亿美元，咱们小企业土法上马成不了气候。

闻到了别人的香水味，那是你鼻子犯的错！

在我的记忆中，魏建军从来没有以皮卡冠军为荣过，那是矬子里拔出的将军，而且是一顶低档车的草帽。

山有多高，水就有多高。

2000 年 2 月 13 日，春节后的第一天，龙年的正月初九，魏总召开了战略发展研讨会，建设现代化企业集团的概念首次被提了出来。我那天的会议笔记就记录了培训、ERP、QS9000、提升品牌等事项。

"出身卑贱"是魏建军的一块心病，挣脱"1"字头的束缚是当务之急。

不让干"7"字头轿车，还不让干"6"字头越野车吗？

魏建军去台湾看上了丰田 SURF，B 柱之前的车身还跟 Hilux 皮卡通用，光开发后半身车厢那就省大钱了。很快，我和郭喜军在中银大厦与台湾李诗清签订了模具开发协议，长城桥厂负责开发四驱底盘。不久前，黄勇也从技术部分离出来，抽调赵建辉、徐建新、耿强、魏增田成立了长城最早的专业开发机构——产品开发部。

此后，皮卡大王就移情别恋乘用车了，又一个冠军播下了种子。

▶ 2000 年 3 月 20 日，厦门考察时的长城汽车魏建军董事长与胡克刚副总裁

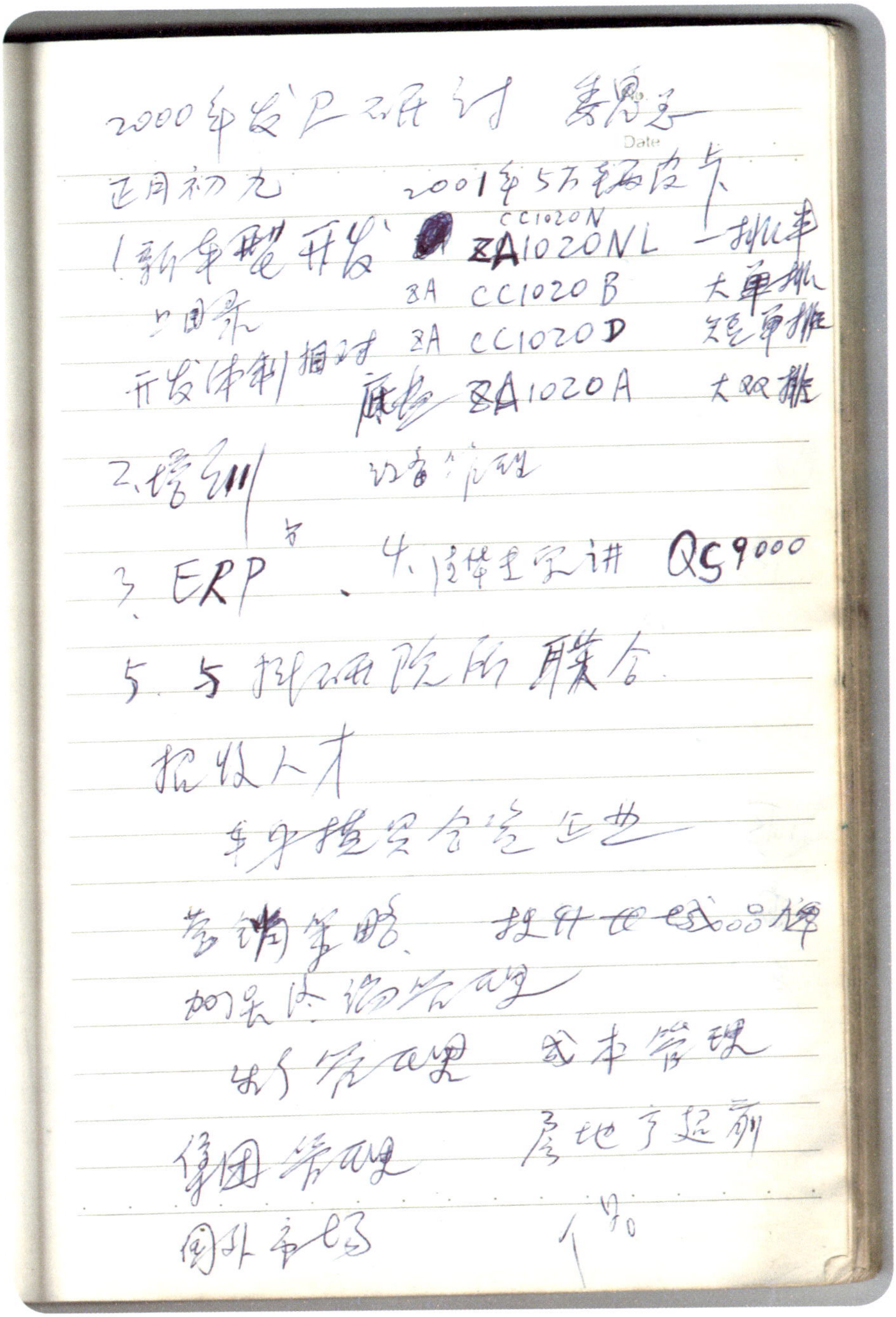

2000年发展研讨 姜惠乾

正月初九   2001年5万辆皮卡

1.新车型开发   ● CC1020N
               3A 1020NL   一排车
 2.目录   3A CC1020B   大单排
开发体制相对   3A CC1020D   短单排
              底盘 3A 1020A 大双排

2.培训   江吉馆型

3.ERP 、 4.请律师讲 QS9000

5. 与科研院所联合

招收人才

    东中提贸合资企业

营销策略   提升也试品牌
加长质疑答疑

销售管理   成本管理

集团管理   房地产运营

国外市场

▲ 2000年2月13日，长城汽车会议笔记

3月20日，魏建军、胡克刚和我随着何春阳去厦门小金龙考察海狮和小霸王车身。有款客车也比光有皮卡强啊。鼓浪屿四周海茫茫，海水鼓起波浪，福建厦门的大小金龙也都是近些年发展起来的。魏建军想尝试承包小金龙的组装车间，但人家不肯。

2000年6月18日，长城重组河北定兴县冯柱和李金祥的中信公司，控股成立了保定长城内燃机公司，继续采购天汽发丰田的491缸体，郭喜军赴任总经理，长城终于摆脱了华晨系的动力垄断威胁。后来想不到的是，因定价权及分红问题，股东纠纷闹了好多年。

有了底盘大件体系，现在又有了发动机，魏建军要继续寻找客车资源了。

7月27日，北京旅行车厂的杨海林来寻求重组，魏建军很重视北旅的五十铃WFR客车资源，意图创造一个长城版的海狮奇迹，当然这也是一条"进京"的路子吧。8月3日跟安庆衡进行了交流，北汽支持成立合资企业，民营与国企合作还有利于两种体制的融合。

▲ 保定长城内燃机有限公司

这时，保定中兴汽车又陷入了困境，华晨并没有出资到位。于是，市政府又要求魏建军接手了。9月8日，我们在长城南楼与田野的四个领导交换了意见，又去中兴参观了厂区。石家庄刚刚成功组建了一个三鹿集团，为了尽快筹划汽车业的联盟，市里也不让魏建军去法兰克福看车展了。但此一时彼一时也，他已经看不上中兴的那几万辆产能了，田野高层的内心深处也不想丢掉那一亩三分地，两家最后一次失之交臂。再后来苏强也邀魏建军去沈阳华晨谈过转股，但魏总还是不想接这个大坑。王凤英提出并购可以消灭一个对手时，魏总笑道：那多闷得慌啊！

他似乎从来没有把田野当作对手！

2000年秋天，一排半皮卡在长城华北厂隆重上市了，魏建军视它为中国皮卡业的创新之作，定价还高于双排。但消费者可不买他的账，上后排那么费劲，你凭什么还贵啊。也有人笑称那个后排本来是放宠物的，就当单排用吧。总之，除了少量出口，国内市场不认可。这个市场定位方面的失败案例魏建军也曾公开反省，后来被刻石为鉴。

▲ 长城皮卡一排半

知耻近乎勇。

成功乃失败之母，"反省"也成为长城企业文化的独特亮点。

这一年，国家开始推行无铅汽油和第一阶段排放标准，发动机的控制系统必须升级了。但是，德尔福跟华晨签订了491机型控制系统EMS的排他性协议，我们只好另外寻找EMS的合作开发。正好，河南鹤壁天海电器厂的张总不满足只给长城供点线束，希望能够到保定合资建厂，成为一个控制系统供应商。他请来清华的朱航博士合作，要给皮卡免费做多点电喷标定和供货，把价格再降下一半。

要知道德尔福和博世（联和电子）是知名跨国公司，在这个领域处于绝对垄断地位。他们不远万里来到中国，只要把实验数据输入数学模型，就是动辄千百万的标定费用，一块ECU加几条传感器就要2000多元，真比卖药的还狠啊。周扒皮起早贪黑半夜鸡叫，只会算计中国的长工们，但遇上外国的短工反而让人家扒了皮。尤其自主品牌要想把车造好点，还要再找几十家这样的"国际主义"战士拉兄弟一把。客大欺店，谁叫咱们没有关键件的核心技术呢。今天终于有人挺身而出要打破"帝国主义"封锁，我们刚有了自己的491发动机，当然也想摸摸老虎屁股，不妨赌一把吧。魏总支持，所以一拍即合。

鉴于自主开发毕竟有风险，我们同时也找到了北京创意杰公司的王向东，变相采用德尔福的核心模块搞排放标定。

2000年冬天，长城同时派出徐建新、刘国强配合天海，耿强配合创意杰去东北开始了高寒试验。这一年长城产销

28600 辆，也越来越重视试验工作。到了 2001 年春，黄勇还带我去北京考察了天海办公室，只见朱航小组在几台电脑面前冲锋陷阵，指挥着一场以卵击石的无声战争。不出所料，望山跑死马，爆震问题就很难解决。要是几个博士就能搞定 EMS，跨国公司早就不存在了。

这次虽然失败了，但这可能是自主品牌冲击 EMS 技术的首次尝试，这个坎早晚也要迈过去。不过眼前的事还忙不过来，哪里顾得上最难啃的骨头啊！

而创意杰的 EMS 似乎轻车熟路，很快就标定成功了。

山不转水转。后来，朱航在极端困难之时得到了陆建辉的帮助留在了奇瑞发动机研究院。工程师的命哪有不苦的？零落成泥碾作尘，只有香如故！

▲ 2000 年前后，东风汽车的小霸王系列卡车赢得了相当不错的口碑

十 南北并购，突围走麦城

2001 年，长城控股重组了北旅汽车，还成立了郑州长城汽车。但两次合资的失败彻底浇灭了魏建军异地扩张的幻想，坚定了自主开发、先做强后做大的决心。

这一年，奇瑞和吉利都获得了轿车生产资质。

　　既然自主研发不成功，EMS 还是先买吧，但长城 491 发动机的本体质量仍不稳定，客户意见很大，王凤英在质量会上几次发火。2001 年 4 月，魏建军、郭喜军和我去德国斯图加特考察纳格尔等几个世界顶级的数控机床厂，下决心订购了最先进的桁磨设备，又添置了必要的检测设备。从此，491 成了支撑长城快速发展的第一动力。

　　而这时，小迪尔皮卡的日子却不好过了，许多小厂采用更宽大的广东福迪五十铃车身，浙江万丰还改装 6 字头的厢式车以方便进城，来变相扩大皮卡的市场。

　　长城营销公司刚成立了市场信息部，胡树杰带着王建林、朱志辉专门搜集市场反馈，同时分析厢式车的前景。王凤英多次建议要迎合市场改用五十铃车型，魏建军却看不上广东福迪车身。有一次爆发了激烈的争论，魏建军说都是老款皮卡宽大一点有什么用？王凤英说是你买车还是消费者买车啊？她不仅对部下要求严格，接她的电话不能超过几声响铃，跟老板也是直言不讳，人们很少看到"蒙娜丽莎的微笑"。

　　考虑到一排半的滞销，魏建军最终还是同意了在高碑店生产五十铃车型皮卡。

　　这时长城刚改制为股份有限公司，6 月 23 日，我跟福

▲ 2001 年 4 月，长城汽车高层魏建军、郭喜军、梁贺年赴欧洲考察

▲ 2001 年底，长城汽车胡克刚、梁贺年在台湾考察，中间为台湾模具
　合作商李诗清

迪厂的叶青总经理在保定大酒店手写了采购合同。果真，赛铃皮卡一直生产了 9 年。

正当人们热炒上海通用刚上市的 10 万元家轿别克赛欧时，长安福特也于 2001 年 4 月 25 日成立了。至此，美国"三大"完成了在中国的战略布局。虽然 4 月 1 日发生了南海中美撞机事件，不过那是天上飞的，并不影响地上跑的。

2001 年五一劳动节，北京长城汽车合资企业成立了，长城入资 8000 万，黄勇赴任总经理，魏建军决心先从北旅客车突围。

7 月 18 日晚上，我们在中国大饭店跟意大利一个小设计公司确立了 WFR 轻客改脸意向，不久获得了几套 Facelift 效果图，我们非常佩服这个叼着大烟袋的大胡子老板化腐朽为神奇的想象力，但又不明白外国大老板应该都是坐镇工厂里，怎么还兼推销员呢？那是我第一次听到 Facelift 改脸升级这个名词，没想到这成了所有自主品牌的入门级"AK47"。

▶ 上海通用别克
赛欧——10万
元的家轿

▶ 2001年4月，
长安汽车与福
特汽车合资成
立长安福特汽
车有限公司

　　7月23日，上海同济同捷公司的雷雨成博士来谈WFR
的工程设计，并让廉玉波负责这个项目。这个公司刚成立
了两年，兼营国外软件的销售与服务，是中国本土第一家
汽车设计公司。几年后，这个中国汽车设计的狂人终于跟
魏建军的英雄主义情怀志同道合了。

　　但是，你的柔情我永远不懂。北京是个政治中心，国
企改革有待深入，遗留问题错综复杂。黄勇这个外来户虽
然手握公章，但根本玩不转王府门前的老江湖们。最终，
进京城变成了走麦城，虽经董阳总经理的再三挽留，几个
月后，长城还是扔下几百万投资又撤走了。

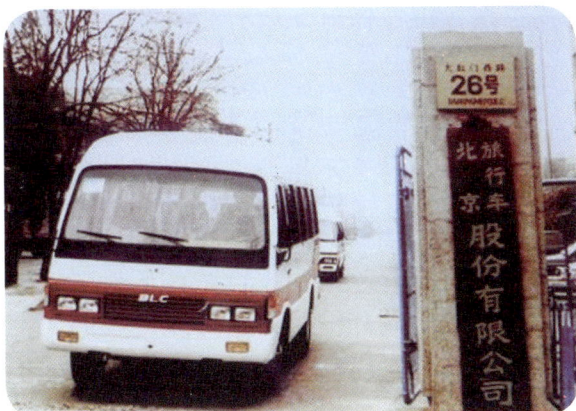

◀ 命运多舛的北京旅行车厂

◀ 2001 年 5 月 1 日，北京
　长城汽车合资成立纪念包

◀ WFR 客车改型效果图

重组北旅是我主谈，但没做好风险分析，我负有一半的责任。

一叶知秋。这个教训使我认识到，北京的风险是人。先天优势也是后天劣势，为什么不是北上广，而是深圳这个新兴的移民城市才诞生了华为、比亚迪和腾讯。

看来隔行如隔山啊。小客没干成，再试试大客吧。据说大客靠手工，底盘可以外购江淮的，别人能干我们为什么不能干？郑春来当总经理，2001 下半年就招兵买马，大约在冬季出了样车，王庆文开始四处推销了。可是大客的市场水太深，销售是另一门更深的学问，连本地的交通局都不买他的账，坚持到了 2005 年才不得已停产了。

赛铃皮卡刚刚试装，谁知道哪块云彩下雨？加上一排半皮卡的失败教训，长城第一次意识到了皮卡要往高处走。此时，我想到了郑州日产皮卡的那套 D22 车身，如果价格合理，为什么不能共享呢。当时，郑州日产依然占据着高端。经过讨论，魏总同意我去试探一下。

2001 年 9 月 9 日，我去官渡之战的故地中牟拜见了郭振甫总经理，提出了采购日产车身的想法。他对长城的发动机和底盘资源很感兴趣，但说日方肯定不同意把车身卖出去。经过多次谈判，到了年底，方案折中成了与郑州轻汽成立合资公司进行贴牌生产。长城只好退而求其次了，刚从北旅项目抽身出来的黄勇又去郑州长城任总经理了，还派出了王超、马志、赵国庆等骨干，开始改造总装和检测线。刚开始，日方董事也想睁一只眼闭一只眼，但第二年日产本部发现了郑州想干自留地坚决不同意，这个项目折腾了多半年又不欢而散了。黄河的水九曲十八弯，王超也跟那个美丽的中牟姑娘告别了。

▲ 长城大客车

▲ 左延安在 2001 年的江淮汽车上市仪式上

▲ 郑州日产皮卡

▲ 2001 年底，长城汽车与郑州轻汽合资成立郑州长城汽车

随着国家政策开始鼓励轿车进入家庭，2001 年初，奇瑞挂靠上汽获得了生产资质，风云开始全国上市，看来没干亲不行啊。11 月 9 日，吉利也拿到了轿车资质，39900 元的宁波美日 1.3 正式上市。私人消费市场开始崛起，这些都对只有皮卡资质的长城刺激不小。

2001 年 7 月 13 日晚上，萨马兰奇在莫斯科宣布，北京获得了 2008 奥运会的主办权。姚明刚加入休斯敦火箭队，中国人民有能力有志气！虽然造航母比不了美国，造汽车比不了德国，造电器比不了日本，难道一个亿还生产不出一块金牌来？一百亿也要争第一！这时，吉利的李书福和绿城的宋卫平都给足球砸了数千万，一看甲 A 联赛才知道让黑脚和黑哨给涮了。12 月 11 日，他俩联手发起了打黑运动，把那套"皇帝的新装"又还给了政府。

恰在 12 月 11 日这一天，帝国主义"兴"我之心不死，中国正式加入了世贸组织 WTO。

在这个全国山河一片红的大好而不是小好的形势下，唯有任正非不愿参加胜利大合唱，却预测了华为的冬天，互联网的泡沫，狼来了的危机，破产与变革。汨罗怀沙，屈原实在有点杞人忧天了。

从此，由政府推动、投资拉动和出口带动的三高发展模式，终于挤进了全球化产业大分工的代工位置，开始制造无数个世界第一的 GDP 奇迹。虽然青花瓷和茶叶打不过他们的手机和飞机了，但中国人民用血染的风采，为世界上还有三分之二的"受苦人"大大降低了生活成本。

Made in China！

► 2001 年初，奇瑞挂靠上汽获得了生产资质，标识改为上汽奇瑞

► 2000 年 5 月，吉利美日轿车在宁波下线

► 2001 年 10 月，吉利四君子——杨建、李书福、安聪慧、刘金良到宁波天童寺盟誓，11 月，吉利获得了轿车生产资质

▲ 2001 年 12 月 11 日，中国加入世界贸易组织 WTO

　　2002 年初，魏建军提出了发展多功能车、SUV 的概念，并不断寻找国际资源。随着赛弗越野车的热销，长城正式成立技术中心，决定开发 CUV。吉利和奇瑞也都制定了宏伟的长远目标。

　　面对着产业兴亡，自主品牌的"三国演义"正式开场了。

醉卧沙场君莫笑，古来征战几人回？

魏建军也自嘲过：我走的麦城多了。只不过他更善于吸取教训。两次合资的挫折彻底浇灭了他想借力发展、异地扩张的幻想，反而坚定了自主开发、先做强后做大的决心。2002 年初的规划讨论会上，他提出了开发多功能车、SUV、MPV 的概念。那时候，SUV 的名字还很少听到。

他常去天津海关看新车型，这次注意到一款美国进口的城市越野车，兼顾了皮卡的结构优势和乘用车的美观造型。一个 CUV 的概念在他脑子里诞生了。虽然那时还没有这个词呢。但买到了样车，人们的评价褒贬不一。他有点犹豫，开始把目光转向了国外。

欧元刚刚诞生几个月，2002 年 3 月 7 日，我陪着魏总去意大利都灵的几家设计公司考察。第二天我们去温州人开的饭馆吃饭时，魏总最爱听温州人冲破重重阻力艰苦创业的故事，也很感慨温州人走遍了全世界，却走不进管理层。王嘉先生带我们转遍了所有的汽车品牌店，包括丰田 YARIS，菲亚特 DOBLO，雷诺 KANGOO，奔驰 VANEO 等，而且都要趴在地上看底盘。最后，他对 YARIS-VERSO 这款多功能轿车情有独钟，还跟设计师达尔多索讨

▶ 2002 年 3 月，
意大利市场上
的丰田雅力士
多功能轿车

论了造型方案。后来，考虑到长城毕竟没有轿车资质，4 米
车也很难上 6 字头目录，最后还是放弃了这款准轿车。但
这次他也跟丰田 NBC 平台结下了不解之缘。

回国后，长城马上成立了对外技术合作部，以充分挖
掘国际资源，甚至不排除引进先进平台。

4 月初，我陪魏总去江西富奇跟张美保厂长探讨
FQ6481 沙漠王越野车的合作问题，但人家只卖车身，不愿
合营。

5 月 7 日，魏总又带着我们一行骨干去韩国，考察了
ARRK、万都、LG、大宇和多家模具厂，甚至深入探讨了
合资建立内饰厂、模具厂的方案。这次考察收获极大，让我
们第一次系统地、深刻地了解了开发的关键过程，也使魏总
更加坚定了信心，要自主增强更高一级的体系保障能力！

6 月 1 日，在清华大学赵雨东教授的引荐下，北京阿尔
特设计公司的宣奇武和曾朝晖拜访魏建军，宣总强调可以
借用三菱的人才和体系助力长城的产品开发。同日，我们

▲ 2002 年 5 月，长城汽车魏建军一行赴韩国考察

▲ 2002 年 5 月，长城汽车与韩国企业达成合作意向

又跟台湾福臻的陈志华探讨模具的合作，据说他们也在跟奇瑞组建合资企业呢。

6月11日，我又陪王凤英去韩国考察，她正忙于股份上市的筹备工作，以进一步认识先进技术和市场趋势。虽然痛恨权贵资本的吴敬琏大骂中国股市"赌场都不如"，但上市圈钱、做大做强仍然是一条捷径。上市辅导机构常埋怨长城，光有皮卡，怎么也吹不出个花儿来。江淮瑞风刚刚于3月18日销售，有个MPV也好啊。不过，就像走进了服装店，她的眼神总是留在了轿车上。原来优利欧也在3月20日上市了，人家吉利都快优于夏利和赛欧了。上汽通用五菱6月4日刚刚成立也要造轿车，她满脑子都是轿车的梦想，不管魏老板服不服气，她早就是奇瑞和吉利轿车的战略级粉丝了。

2002年8月7日，长城正式成立汽车技术中心，最终决定开发兼具越野和城市的全功能CUV，采用数字化设计技术，年销量目标3万台。刚从石汽过来的周军当主任，职员有王超、李颖涛、段福海、李慧明、孙宏博、白国立等。由中国台湾和日本的设计公司负责造型。天津汽车模具厂的胡总、常总早就想涉足车身开发领域，他们还有一台国内少有的高精度ATOS测量设备，很快就跟长城达成了战略合作意向。还没等着签模具总包合同，第一台样车就给了天汽模去分析、拆解了。年底，这个平台被命名为K1项目。K2是皮卡。

这意味着，长城要争当SUV领域的KING。

这时，经过两年多的开发之后，赛弗越野SUV于2002年5月28日在北京上市了。辕门外三声炮声如雷震，不久，8.58万元的SUV石破天惊，很快引爆了中国的经济

2002 年 3 月 18 日，基于韩国现代 H1 平台的江淮瑞风 MPV 下线

2002 年 3 月 20 日，吉利优利欧上市

2002 年 6 月 14 日，中国一汽收购天津汽车。“天一重组”后，（天津）一汽丰田发展迅速，自主的夏利更加步履维艰

型 SUV 市场。赛弗的四驱底盘采用上扭杆结构，离地间隙230 毫米以上，车架粗壮，尾门玻璃可以升降，491 动力也够用的。好像天上掉下个林妹妹，这款 SUV 吸引了大量的吉普车群体，还有不少切诺基、帕拉丁的用户，也分流了部分轿车消费者，很快就供不应求了。

据说有个客户到店里买车，左一个门缝不齐，右一个玻璃不好升降，半天也挑不定。烦得店员劝他就别买了，可那个客户坚决说，我只能买赛弗！看来，差异化才能创造市场，哪怕是鸡立鹤群！

在北京的车管所，每天几十台赛弗来上牌成了一道亮丽的风景，也成了压在北京吉普车身上的最后一根稻草。不久，北京车管所突然停止了赛弗的上牌，因为主销车型的配置和外形尺寸跟公告不符，车管人员开始认真地逐车测量。这对赛弗的北京市场打击很大，紧急整改几个月才恢复。为此，技术科主管公告业务的梁新路也被调离了。

▲ 2002 年 5 月 28 日，长城赛弗在北京上市

其实，民企的这点创新不过是雕虫小技钻了国企的空子，大北汽的鸿鹄之志是进入前四，而要想一口吃个胖子，只有独辟蹊径借鸡生鸡，先做大再做强。2002 年 4 月 29 日，北汽与现代签约成立北京现代汽车，并很快于 12 月 23 日组装下线。媒体宣称：作为发展首都经济的龙头项目，成功实现了当年签约、当年建厂、当年投产、当年销售的世界第一速度。索纳塔终于圆了北汽为之奋斗了 50 年的轿车梦。中韩两国唇齿相依！有人对此很不解，这么快，轮胎是在黄海的船上装的吧？

雄赳赳气昂昂，跨过鸭绿江。韩国企业开始以雄厚的技术优势抢占中国市场。

雕栏玉砌应犹在，只是朱颜改。

2002 年 9 月 19 日，东风几乎拿出全部家底与日产签约成立最大的合资公司。跟着日产走，紧拉着雷诺手，戈恩既然能拯救日产，当然也能帮助咱们央企再创辉煌了。

▲ 2002 年 9 月 19 日，东风汽车与日产汽车签署全面合资协议

▶ BJ2020

▶ 2002 年 10 月 18
日，中韩合资——
北京现代汽车有限
公司成立，并确立
了引进索纳塔轿车
的发展方向

▶ 韩国现代汽车，索
纳塔

沉舟侧畔千帆过，病树前头万木春！

虽然赛弗的工艺水平和配套体系还是皮卡的延伸，但是长城汽车终于进了城，而且轰动了北京城，大大提升了品牌知名度。虽然保定离北京才 140 公里，但有些北京人却是通过赛弗才知道长城汽车的。2002 年的城市运动会上，长城终于跟奇瑞和吉利在乘用车的赛场上相遇了。

虽然赛道不同，但魏建军的越野本性凶相毕露，尹同耀的先锋大旗寸步不让，李书福的借道超车险象环生。

这一年，浙江省最年轻的厅级干部徐刚也坐不住了，5 月份辞官下海任了吉利集团总裁，来自华晨的柏杨女士替代缪雪中任吉利汽车 CEO。此时李书福就定下了 2015 年实现产销 200 万辆的宏伟目标，并首次将并购的目光瞄上了欧洲豪华品牌。

谁说吉利的车不敢开？老百姓买得起奥迪吗？没有乐凯胶卷横刀立马，柯达和富士能那么便宜吗？卑贱者最聪明，高贵者最愚蠢。面对着产业兴亡，自主品牌的三国演义正式开场了。

7 月 18 日，海马福美来上市。12 月 18 日，备受关注的奇瑞 QQ 和东方之子下线，家轿市场烽烟再起。

这一年，全球汽车总销量 5000 多万辆，中国汽车总销量 325 万辆，而长城、吉利、奇瑞的销量都不过四到五万台。难能可贵的是，奇瑞通过"863 计划"在国内最早接触了混合动力技术。

▲ 2002 年 12 月 18 日，奇瑞东方之子下线

▲ 2002 年，上汽奇瑞与上海交通大学国家高技术研究计划合作的奇瑞电动车项目启动了。跟比亚迪的电动车核心战略不同，奇瑞参与的"863"项目没有变成企业发展的内生动力

2002年，吴敬琏警告的"权贵资本"也疯狂地加入了管理者收购MBO，国企改制批量生产了不少千万富翁。哪一块砖没有血与泪，哪一铲煤不是红与黑，只有柯湘在杜鹃山里为长工们挡了挡鞭子。不管郎咸平怎么骂，肉吃到厨师嘴里也算保住了，总比烂在大锅里强。宇通的稳步尝试最终修成了改制的正果。

只是仰融玩得不和谐，他来不及参加6月份的华晨宝马合资签约，就去了美国。虽然中华轿车8月20日上市了，但远看几十万，近看十几万，再加上体制问题，抽中华牌香烟的都不坐他的中华牌轿车，中华轿车的发展一直很缓慢。

▲ 2002年6月4日，柳州五菱与上汽和美国通用汽车合资成立上汽通用五菱。11月18日，五菱之光下线

▲ 2002年8月，中华轿车上市

十二 大干快上，港股识真龙

2003 年，各大自主品牌纷纷招聘海外专家人才，扩大研发实力。但长城的大研发战略更注重核心体系的建设。2003 年 12 月，长城汽车在香港 H 股上市。

　　"魏蜀吴"正愁三缺一呢，观众席上又跳出来两个劫皇纲的，一个就是尹同耀的巢湖老乡王传福。2002年冬天的一次饭局上，他与波导手机的徐立华听机械部第四规划设计院的徐运通讲那汽车的故事，锂电大王和手机中的战斗机都后悔自己投错了胎，当场立志，转攻汽车。在这个机会型增长的年代，上海的磁悬浮列车刚刚开通，王传福就以光电的速度破潼关，踞秦川，悄然启动了一场横扫六国的统一战争。

　　2003年1月23日，比亚迪宣布控股秦川汽车。一边造手机一边造汽车，王传福疯了？股民们傻了，先用脚对外行造车投出了反对票。

　　1月28日，中国第一跑"吉利美人豹"在台州下线，吉利研究院的潘燕龙、吴成明和周一平小组也启动了代号"美日300"的全新开发。

　　性相近，习相远。徐立华可能受到了舆论的鼓舞，坚信取消行政审批是大势所趋，所以波导就是不买壳，后来愣从英国进口福特的汽油机生产线，结果没有批文进不了海关，最后只好让给了湖南长丰，闹了个鸡飞蛋打。进了荣国府就得懂规矩，徐立华还是太嫩了点。

　　长城有个奇怪的现象，新车型不是超乎想象得好，就

▶ 2003 年 1 月
23 日，比亚迪
控股重组秦川
汽车

▶ 2003 年 2 月
18 日的《中国
汽车报》就呼
吁取消行政审
批制

是出乎意料得差。好的怎么都挡不住，差的怎么也救不活，很少有半死不活的老病号。魏建军说过，听 MBA 的一定死，"专家"预测从来没对过，质量和技术才是基础。所以他从不相信销量的预测，也不过分追求销售目标，更不迷信哪个大师能把梳子卖给和尚。许多企业家热衷寻找魔术般的"商业模式"，多半都是想投机。尤其是，魏总深深知道赛弗的局限性，虽然暂时热销，但它也不算真正意义上的先进 SUV，所以仍要坚定不移的开发一款具有突破性的售价达 10 万以上的 CUV 产品。2000 亩的新工业园建设规划也要求达到国内先进水平。

冠军只能有一个。

曾经沧海难为水，除却巫山不是云，所谓高科技、高性能、高品质的"三高"理念这时就已经成型了！

2003 年初，长城技术中心还不到 30 人，跟人家奇瑞没法比，于是开始招聘人才。一月份，第一个外来的专家就是福田潍坊模具厂的高工王云格，别看他贵人不披重发，但在模具、冲压、焊装、车身方面却样样精熟，甚至起到了扫盲的作用。当时的车身和模具设计刚刚进入数字化时代，我们原来还没使用过 CATIA 软件和高速冲床呢，开始也只有他能跟天汽模较真了。后来向济南二机床订购 2400 吨高速大冲线时也是靠他审核技术参数。

很快，技术中心发展到 60 人，再加上桥业技术中心吴子龙的底盘小组，上百人的草台班子分工明确，K1-CUV 的开发全面铺开了摊子。

同时，长城发动机公司加快开发 2.4S 单凸轮轴汽油机，其实分析工作 2001 年就开始了。虽然对标样机三菱 4G64 不算多么先进了，他们还挖了航天三菱的工程师来，但长城发动机公司在研发观念上还停留在老 491 时代，原有的生产线精度偏低，所以下来的开发效果一直不理想。

后来我们请汽车司的李万里过来指导交流，他特别强调 2.4 排量大油耗高，小排量才是发展方向。王凤英说这个观点应该重视，但魏总和我都不以为然，觉着眼前的 2.4 还是主力呢，小排量时代还早着呢。

魏总还是期望老乡们能创造奇迹。

好多次，女人的敏感胜过了男人的自负。

3 月初，魏建军、王凤英、周军和我去日本东京首次评审了 K1 造型效果，最终确定了跨界 SUV 的车型定位。

当时，长城事实上干什么都跟奇瑞比了，尹同耀的名字如同当年的铁人王进喜如雷贯耳，2003 年 3 月 1 日，奇瑞第 10 万辆轿车下线，这似乎是要跟 1 月份上市的福特嘉年华对着干。几天后，美国底特律的内燃机燃烧系统专家许敏博士，他放弃了伟斯通的优厚待遇和舒适条件，谢绝了什么什么邀请，冲破了什么什么阻力，毅然回到自主品牌的怀抱，加盟奇瑞主持研发。

长城都有点慌了。要想战胜别人，先要战胜自己。4 月 5 日，魏总主持人力资源大会，深刻反省了某些压制人才、任人唯亲、考核不公、信息不通等弊端。尤其在研发领域，指示李玉涛要解放思想，打破常规，在全球范围内撒开大网。北京人不好请，天汽、胜利和郑州的人才重点挖，退休的也行。不久，郑州日产的性能专家柴万宝和唐山爱信齿轮的设备专家许云都来了。对于最近发生的合资唐齿变成了日本的独资爱信，魏建军多次惋惜地问许云："芮总为什么这样拱手相让啊？"他请许云来已经有了个小心眼，长城早晚要干变速箱，所以一直没有答应浙江中马变速箱

▲ 2003 年 3 月，长城汽车魏建军、王凤英、梁贺年、周军一行赴日本设计公司交流

▲ 2003 年 5 月 31 日，奇瑞 QQ 上市

厂的合资请求。

从此，几十家自主品牌争先恐后，展开了一场拉锯式的抢人大战。

5月31日，奇瑞QQ的上市好评如潮，王凤英尤其赞赏QQ的广告创意，魏建军更提高了对小型轿车的重视，并很快付诸了行动。

7月5日，我陪着魏总去法国考察Matra公司，尤其是跟他们的轿车开发团队进行了深入探讨。第二天，在巴黎郊外的Moteur公司，我们又详细考察发动机的开发和试验技术。他这个技术迷更爱钻研发动机。

这也是一次难得的休闲之旅，凯旋门下，香榭丽舍，我们品着五颜六色的法国红酒。葡萄美酒夜光杯，西方人喝红酒，那是掺了酒精的果汁，顿顿补充营养素。李白斗酒诗百篇，中国人喝白酒，那是掺了水的酒精，天天浸泡脂肪肝。忽然，他望着滚滚车流说道：即使欧洲，在法国也是法国车多，在德国也是德国车多，在意大利也是意大利车多，可在中国呢？我回答：也是中国车多，凤凰、永久和飞鸽！

2003年10月底，我们又跟AVL公司探讨汽油机的开发，跟美国万国公司交流柴油机的合作。要想干乘用车，没有先进动力成了他的一块心病。

一颗红心，两手准备。为了变相进入乘用车领域，我们先是对标研究雷诺Kangoo多功能车，因为可能上6字头客车目录啊。然后启动了丰田花冠和RAV4的对标研究拆解分析，配套部开始邀请供应商评估开发可行性，项目名称分别为V11轿车和R11SUV。

◀ 中国自行车领域的三大
名牌也都衰落了

◀ 2003 年，中
国汽车知识产
权第一案——
丰田起诉吉利
美日商标侵权
和广告语不正
当竞争案开庭

　　当时，虽然丰田诉吉利的商标侵权意在敲山震虎，但
在中级乘用车领域，许多自主品牌还是对标丰田这两个平
台，似乎没有更合适的选择了。在自主开发的初级阶段，
虽然车身部分的逆向设计沿袭了原车的结构硬点，但动力
总成、性能和质量很难逆向，只能再通过正向开发和重新
造型各有推陈出新。从来就没有什么绝对的逆向工程！

　　为了支持整车开发，长城格外重视 2003 年夏天成立的
技术配套管理部，黄勇很快就任部长，组织签订开发协议，

负责签订供货合同。魏总强调，磨刀不误砍柴工，要求优选内聘工程师，确保清廉公正，不管社会风气如何，我们也要出污泥而不染，并不惜采取各种措施严惩受贿行为。要以全球采购的视角，质量第一的原则，淡化成本导向，广泛考察国内外名牌零部件企业，关键大件争取合资建厂。他说过，单纯的制造成本都差不多，名牌配件不一定贵多少，销量大了自然会降下来。

他特别提出打破现有的皮卡体系和既得利益的束缚，绝不照顾。在原则问题上，他六亲不认，亲属的企业也要严格管理，保证质量，更不允许超越程序，特事特办。因为黄勇的不同意，魏建民的三元催化器也不能进来，他说了几句怨言，被哥哥魏建军臭骂了一顿。

乒乓球打的是准，羽毛球打的是狠。魏总也是事实上的配套部长。他不仅亲自带领大批领导去上海、东北考察了几十家国际一流零部件企业，如上齿、博世、德尔福、天合、纳铁福、延峰、光洋、东机工、富奥、天汽齿、江淮车桥等，在公司里也亲自接待技术交流，不仅握握手，而且一谈就是两个小时，技术细节面面俱到。

他的工程师精神令人钦佩，技术素养广为称道，双方高层关系密切，合作效率非常之高。在这种气氛下，配套部往往拿着样件就初步选定了优质供应商，刚一分析就来供应商介入了。尤其是上齿的杨春宝厂长还同意免费开发四驱分动箱。所以，绝不同于其他车厂纯商务意义上的采购公司，他们往往与设计部和供应商是三层皮。而长城的全功能配套部隶属于研究院，是零部件开发的先头部队，整车开发的粮草大队。

▲ 2003 年，长城汽车魏建军董事长在公司接待长春灯泡电线厂孙总一行

▲ 2003 年，长城汽车魏建军一行赴长春考察一汽富奥零部件

　　果然，长城很快就确立了麦克斯空调、杰华座椅、德业内饰、环球模塑等合资项目。魏建军醉翁之意不在酒，在乎学习引进也。深挖洞，广积粮，最终目的是垂直整合自己的核心零部件体系。

　　不过，核心的核心还是发动机控制系统 EMS，黄勇不甘心三年前的失败，又联合了武汉菱电公司为赛弗做电喷标定。但此时 491 动力已经不是长城未来发展的重点了，结果 EMS 的自主开发还是没有坚持下去。似乎硬件的芝麻再小也有油，看不见的软件不值钱，长城最终也没有插上 EMS 这双隐形的翅膀。

　　但是 2004 年，奇瑞招聘从通用回国的赵予民组建了北京锐意泰克公司专攻 EMS，两年后果真在 QQ 上艰难地获得了成功替换，随后 EMS 的市场价格应声而落。遗憾的是，锐意后来又被锦恒重组，奇瑞在整车控制方面仍是功败垂成。

　　搞研发不是做买卖！

　　到了 2003 年 5 月，赛弗上市一周年销售了 3 万辆，开创了中国经济型 SUV 的元年。长城刚刚并购北京中客公司获得了整车资质，香港上市日益临近，零部件合资意向纷纷确立，汽车工业园二部的建设项目也在抗击非典中加快推进，研发大楼的建设更是当务之急。

　　为此，长城成立了全功能的工厂建设部，号称小四院。之所以要求专业齐全，就是为了减少大黑包，尽量拆成透明的小包，通过控制过程，学会独立建厂。魏总说过，这不仅为了省钱，更是为了改进设计，要不你永远不知道柱子到底应该多粗，更不知道总承包的水分有多大。虽然工厂是四院设计的，但涂装车间仍然由建设部自己拆包和管理招标。

◀ 2003 年 4 月 23 日，
在非典的阴影下，
长城汽车参加上海
国际车展

◀ 2003 年 5 月，长
城汽车工业园制造
基地奠基

◀ 2003 年 6 月，长
城汽车董事长魏建
军与济南二机总经
理张志刚签订大型
冲压线采购合同

更极端的是，16 层的研发大楼只让省一建承包劳务，水泥钢筋都是长城单独采购，敞开使用，彻底防止了建筑队偷工减料暗箱操作。气的省一建老总当面埋怨魏建军：你把毛巾都拧干了，我喝什么呀。

这就是魏建军的性格，他学什么都爱走极端，不惜矫枉过正。也是在抗击非典的时候，长城就请了天津丰田的田中文来培训精益生产方式，魏总要求把 TPS 理念贯彻到每一件小事上，每一个过程中。哪怕先僵化，后优化，甚至到了迷信的程度。

但他在销量预期上却是个保守派，听说奇瑞东方之子卖得就不好，可能 10 万元是个天花板吧，不敢奢望我们的 CUV 能卖多少，所以新厂的总产能规划才定了 4 万台。经过说服升到了 6 万台，最后在四院申昌明老院长的鼓励下才确定了双班 8 万台，还要塞进非承载的 MPV 以免产能放空。而 2003 年 QQ 的热销似乎告诉了所有的人，还是小轿车物美价廉市场大啊。

为了理性评估发展趋势，魏建军还请国务院发展研究中心的陈清泰、刘世锦、冯飞等专家来"访贫问苦"。按照科学发展观，他的脑子里始终保持着对产能至上和扩张风险的警惕。有一次他在北京的酒店里望着窗外的汽车洪流感叹道，建筑节能没人管，一辆大车就拉着一个人，这地球能不变暖吗？

历览前贤家与国，成由节俭败由奢。

有识之士已经意识到，人均 GDP 突破了 1000 美元并不等于公平，有的学生在危房里上课，有的地方却修建豪华的办公大楼。以前做权力的奴隶，现在做金钱的奴隶。以前是穷有理，现在是富有理。资源浪费、环境污染、贪

◀作者曾用过的
诺 基 亚 手 机
3310、6108、
N70、N95

污腐败、贫富悬殊就像年初捂不住的 SARS，正在发酵着严重的社会问题。2003 年 8 月 12 日，国务院关于促进房地产持续健康发展的通知，确立了房地产业的支柱地位，货币宽松政策的闸门也打开了。

高新技术开发区不干高新技术，出口、退税、房地产造就了歌舞升平。我们的一台大彩电才 1000 元，而一部诺基亚手机 3000 元。

那些以内销为主的烟酒品牌大发横财。而中国的一些知名品牌相继陷落。去年，法国达能收购了广东乐百氏，今年，柯达公司收购了乐凯胶卷 20% 的股份，中国的 7 家感光企业全部投入了柯达的怀抱。

唱戏的是疯子，看戏的是傻子。经济一发热，有些人就可能触碰了体制的红线。2003 年 8 月 16 日，亿万富姐刘晓庆刚刚走出了监狱。10 月底，在杨六郎守边关的保定徐水县，孙大午就因向村民集资借贷导致附近的银行揽不到存款，被判了非法吸收公众存款罪。

羊毛不会出在猪身上，所以不管有多少钱，长城都不轻易花在盲目圈地和建设规模上。虽然 2003 年度 5.25 万辆的年销量明显低于奇瑞的 9 万辆和吉利的 7.6 万辆，但要想可持续发展，利润和资金流最重要，不见兔子不撒鹰，不靠借钱过日子。这让金融大师们看来，魏老财的实用主义都土得掉渣了。

"神舟五号"首次载人飞船发射成功整整两个月后，在皮卡和 SUV 的两大冠军和高额赢利的光环中，2003 年 12 月 15 日，长城汽车（2333）在香港隆重上市，获得了 683 倍的超额认购，融资 17 亿港币，创造了中国汽车史上的融资神话。那几天的香港报纸只有两大名人：刚被美军活捉的国家恐怖主义头子萨达姆，中国民企领域诞生的汽车首富魏建军。

虽然还不敢比当年的福布斯首富——网易公司的丁磊，但这也是国际资本市场给中国民营汽车自主品牌投出的第一票。就在一年多前，长城还因为不属于国家重点扶持的国有轿车企业，在中国证监会的 A 股候选名单中根本过不了"政审"。幸好巴黎百富勤公司的赵巍巍找上门来举荐去香港上市，那里只看业绩，长城才掉头往南投奔了远房亲戚，真是逼上金山啊！

更令人不解的是，由于长城的赢利水平很高，这笔巨资进了银行就从来没花过。害得董秘白雪飞还要经常找老板"催办"。

当有人提议长城以自己的资金优势利用股市生钱时，魏建军明确地回答：咱不玩那个，就靠车赚钱！

▲ 2003 年 10 月 15 日，"神舟五号"载人飞船发射成功

▲ 2003 年 12 月 15 日，长城汽车（2333）在香港上市

▲ 2003 年 9 月，北汽控股与戴姆勒－克莱斯勒达成合作共识，将重组北京吉普，准备引进奔驰轿车

▲ 2003 年 12 月 8 日，通用雪佛兰 SPARK 乐驰在柳州上市

十三　自主研发，豪赌大集成

2004 年，赛弗的热销和 H 股上市奠定了长城大干轿车的信心。但是发动机方面的短板成了最大的制约因素。无论是人才引进还是零部件体系建设，开放与联合成为了长城研发的主旋律。

钢铁就是这样炼成的！

2003 年底，通用雪佛兰 SPARK 乐驰在柳州五菱上市，微型轿车的市场竞争似乎就要高端化了。加上赛弗的热销和 H 股上市，长城最终奠定了大干快上乘用车的信心。2004 年元旦一过，王凤英已经升任公司总裁，从日本五十铃公司回来的王炳勇担任研究院总工，成为长城第一个海归博士。精通 TPS 的田中文正式加盟长城当上了生产副总裁。在职能分工上，长城坚持不遥控、不交叉、不兼职的简单清晰原则，连门卫都知道谁是专管什么的。

1 月 5 日，长城决定建立模具公司，抽调桥厂的郝建军任总经理。长城这么拼命地建体系，打地基，当然不是只为了 K1CUV 和 K2 皮卡啊，肯定剑指轿车。有一天，我跟魏建军、王凤英在封顶的工业园焊装车间里说到布置几条生产线时，我又提出别考虑 MPV 了，光 K1 和 K2 就能卖 10 万台，王凤英不信，气得大声问我，没有小轿车，10 万台大车卖给谁呀？

王侯将相宁有种乎？魏建军下定决心干轿车了。几个月前，奔驰通过克莱斯勒的渠道进了北汽，还拉上了福田，我们可没有这样的外援。皮卡大王加上 SUV 冠军，为什么不能获得轿车资质呢？哪个不是先斩后奏啊？先干出来再说。

▲ 2004 年 2 月 13 日，长城汽车与温州环球合资组建零部件公司

▲ 2004 年开始，北京全面淘汰夏利出租车

　　于是，魏总指示工厂建设部长金红建启动规划含有排放转毂和环境模拟设备的试验中心，和 20 万辆的三期轿车厂加发动机车间，对外宣称是 MPV 项目。为了上报立项，我找到中咨公司的荣惠康让他给发改委写可研，他说你让我上哪儿去找 20 万辆的 MPV 市场需求啊？我说这都是资质垄断政策逼着哑巴说话啊，您老的预测就是权威！

　　1 月 7 日，为了寻找有产品背景的技术合作伙伴，我去德国的 IAV 技术公司考察。2 月 1 日，日本的 YGK 公司来跟魏建军交流小排量发动机技术。2 月 7 日，长城技术中心也改名技术研究院了，魏总要求对标奇瑞研究院五脏俱全，增加试验、发动机、变速箱、CAE、信息化部，尽快达到千人规模。公司还成立了企管部定期考核。王凤英纳闷一千个工程师都研究什么呀？魏总说丰田有好几万个专家呢，人家每年的研发经费要几百亿元。紧接着我陪着魏总去哈飞东安跟连刚总经理了解轿车汽油机资源，初步考虑搭载东安的轿车发动机。

　　毕竟还没有轿车资质，我也想试着呐喊一下。长城在公关方面远不如同为民企的力帆，尹明善就经常跑部进京吸吸尘、谈谈心，据说还在西三环的酒店里丢了巨额现金。国营车企已经被代工化和空心化，民营车企仍处于边缘化和低端化。2004 年 2 月 17 日，我用梁策的署名在《中国汽车报》发表了《应为"对内开放"助力》的文章，呼吁平等竞争比对外开放更重要，不要一卖房子二卖地，最后卖苦力，把中国汽车工业变成万国汽车工业。我拿着报纸回家还想跟老婆吹吹，她说你一个老百姓说话能顶用吗？

应为"对内开放"助力

□ 梁 策

我国汽车产业发展的一些思考。

近年来,汽车行业持续"走红",国外汽车巨头争先恐后进入中国,同时,国内许多资本也纷纷寻觅各种途径争进汽车行业,其中不仅有国有资本,还包括大量的民营资本。但许多企业又存在着生产资格等各种障碍,于是汽车行业的兼并重组以及企业间的买壳、卖壳现象层出不穷。

在这些现象的背后,我们看到了什么?

行政审批、资格分配,严重抑制了对内开放和产业竞争活力

20年的改革开放表明,对内开放、平等竞争比对外开放更重要。任何产业只有对内开放,对民营资本开放,这个产业

事实已经证明,以行政手段限制竞争,只能起到保护落后和加剧散、乱、差的作用,人为阻碍了国内企业做大做强和生产集中度的提高,不利于加强自主开发能力,削弱了企业参与国际竞争的规模和实力,变相提高了跨国公司的垄断地位,降低了中方在合资合作领域的公平参与权利。这不利于联合重组和资源优化,违背了产业政策制定的初衷和市场经济规律,也不符合 WTO 的原则精神。

投资热很正常,投资过热还谈不上

投资是否过热,看一看跨国公司在中国的巨额投资就明白了。难道他们没有考虑过热的风险吗?别人在"圈地放水"没人去挡,我们自己为何要搞"攘外必先安内"呢?

▲《中国汽车报》(2004年2月17日)

碰巧,这时央视正在播出《对话》节目,一汽总经理竺延风说一汽搞自主品牌要"耐住寂寞二十年"。红旗的销量2002年是2.85万辆,2003年是2.7万辆,红旗还能扛多久?

2004年2月底,我们跟上海同捷设计公司确定了 V11 轿车和 R11 SUV 的合作,很快,李惠明带着一个项目小组开始去上海筹划设立联合分院了。

3月26日，魏建军和我又去法国一家设计公司考察，在停车场看上了一款个性化的微型轿车，明显比 QQ 时尚和先进，立即决定对标研究。长城终于有了自己的微轿目标了。4月15日，奇瑞第20万辆轿车下线，这跟催命鼓一样刺激着长城。

为了进入轿车领域，长城也尝试着找跨国公司合作。垄断政策都把民企逼出国际视野来了。王凤英就嚷嚷过，"三大三小"都找到国际组织了，凭什么民企就不能占个名额呢？4月13日，我和杨志娟去上海跟通用汽车的周方裕和崔先生敞开交流。四个月后，墨菲一行8人真的来了长城探讨合作，但长城是 H 股，根据政策，两家不可能合资，发改委也不会破例的。但是跟通用的车型合作也不是绝对不可能的。墨菲真诚地告诫长城，不能丢了低成本优势，不要盲目追求高端化。

姑姑不疼姥姥不爱，长城想不自主都不行了。

也在4月初，长城新厂区试装出了第一批 K1CUV 样车，魏总带着我们驾驶着 K1 在新试车场转了好多圈，还测试了百公里加速性。除了噪声偏高，他对 K1 总体上满意，指示周军院长不惜一切代价改进质量，争取当年底投产。尤其在转向轻便性能上，他历来要求必须达到轿车的操控水平，彻底改变国产车转向沉重的普遍现象。

为了寻找国外的技术支持，4月26日，我又陪着魏总去韩国考察了第一技研、CES、塔金属、大宇模具、宇信、LG等公司。这时，V11 轿车和 R11 SUV 已经在上海造型了。5月14日，我陪着魏总去同捷评审。月底，长城就启动了 M11 微轿 1.3 项目，决定先由法国公司负责造型，准备6月初订合同。可上海小组还急着要人，家里哪还有人啊？

5月31日，魏总又一次督促招聘海内外人才，王炳勇、田中文、赵元俊都参加了会议，让李玉涛赶快发出信息。

很快，我就带着李玉涛部长亲自去郑州蹲点挖人，待遇、住宿、孩子上学、家属工作都给解决。很快，李保山主任、姜海建部长等十几个工程师不愿再当郑州日产的螺丝钉了，陆续来到了长城，立即投入到了哈弗的试制工作。保定中兴的工程师也让人力资源部的杜贺敏挖来了不少。

6月1日下午下班后，魏总又在总部后院里反复试驾了改进的K1样车，他下车后兴奋地说：感觉跟宝马X5差不多！一句话让大家都笑了。这时，西边的晚霞轻拂着粼粼的白云，初夏的气息散发着玉兰的芬芳。K1有了正式的名称——哈弗Hover，并马上参加了6月中旬的北京国际车展。

可是长城的展台在后广场，也没有引起多大的反响。倒是大厅里的比亚迪轿车及电动车引起了轰动，我也是第一次听到了铁锂电池这个概念。这时，廉玉波刚刚离开同捷设计公司到比亚迪任职四个月。难能可贵的是，比亚迪的周旭光项目组这时就启动了EMS的自主研发，并开始在福莱尔车上做试验了。

这时，我跟许多底特律的华人工程师也取得了联系，甚至达成了招聘意向。但他们多数人更看重奇瑞的轿车规模、国营体制和江南位置。只有福特的内燃机燃烧技术专家韩志玉博士坚定了信心，打算回国来保定面谈。

2004年7月28日，我们终于迎来了韩志玉的来访，并给我们做了先进燃烧技术及排放控制的讲座，他说，发动机的直喷增压技术肯定要发展，但是再挖潜的油水不多了。清洁燃料和其他动力形式可能是未来方向。无论职务还是年薪，魏建军从来不搞论资排辈，所以自然达成了招聘意向。

就这样被你征服，切断了所有退路。

许敏和赵福全都衣锦还乡了，北美本田发动机部门的辛军博士前几天也刚刚加盟了奇瑞，所以韩志玉也不想在象牙之塔里寻章摘句了。美国开放时他们在中国，中国开放时他们在美国，洋插队们也该回到母亲的怀抱了。

7月底，王炳勇博士升任长城研究院院长，这算是初步跟国际接轨了，周军副院长继续负责哈弗的改善，王云格副院长继续负责车身。魏总说过，唯有开发具有很大的不确定性，不必追求开发投资的精益性，综合试验室的建设和大型设备的规划采购也正式启动了。

虽然看到了哈弗的曙光，但这时听说奇瑞的小型城市SUV-T11也快出来了，我们怀疑类似的R11还有必要吗？再看看东方之子的销量不大，还得知吉利、比亚迪都在对标

▲ 2004年7月，上汽奇瑞詹夏来（左四）、尹同耀接待何光远一行

花冠，咱的体系干得好吗？买花冠的人群谁认自主品牌呀？干出来能卖几辆啊？前怕狼后怕虎，我们对长城的中级轿车方向有点怀疑了。长城的产品战略历来是做精，而不是冒进，应该循序渐进，而不是全面开花。最终决定，那就停了 V11 轿车和 R11 SUV 吧，回来都忙 M11 微型轿车项目。

8 月 28 日，刘翔在雅典奥运平了 12 秒 91，长城这时却向右转了，要踏踏实实地重新决策从小做起了。

在战略上，有时真是内行看门道，外行走栈道。旗手尹同耀走快了，B 级车凑合不得呀。先驱李书福走慢了，他只造老百姓买得起的小车。专家魏建军走高端了，QQ 和美日不过就是便宜，我们要造 A00 领域的精致小车！刚进来的王传福走的却是"赛弗"的路，人家不跟你争小微。

益州险塞，沃野千里。

为了实现乘用车系列化，我和王炳勇再一次陪着魏建军和王凤英去日本市场考察。这次，A0 级小型轿车及厢式轿车、7 座多功能 MPV 的发展概念也有目标了。

经历了 2003 年的井喷，尤其是 SUV 的异军突起，长城的发展吸引了更多的关注。2004 年 3 月 23 日，天津空港加工区的苟利军主任带队来招商，其国家级开发区的优惠政策真让魏建军动了心，也第一次有了迁都的念头。我这才知道，原来国家一直不搞普惠制，给各个地区的税收和优惠政策不按产业性质分，不按污染等级分，不按资源消耗分，不按科技水平分，不按东西差别分，而是按行政级别、按沿海内地、按区域规划、按外资内资、按企业大小厚此薄彼的。怨不得各地争报经济示范区。中国的税收也不是为了优化产业，而是为了扩大财政，不是重点从土地、房产、资源、能源的源头征税，而是从经营的所得那里去分红。左手高税收，右手批减免税。左手进财政，右手批拨款。一进一出，往往蒸发了一半。

你要详细了解某个开发区的优惠政策至少需要半天，当地政府的返还和补贴有明有暗。招商就是内战，在河北交不起，在山东就能免。在欧共体都没有国家的壁垒了，在中国各地却有不少政策割据。

有些车企半停产明明连年亏损，照样圈地圈钱靠输血生存。药费都给了晚期病人，该死的不死是市场经济最大的悲哀！常州铁本的戴国芳顶风被抓了，德隆集团崩盘了。可各个钢厂大上项目，钢材一天一个价。

天津人来挖墙角急坏了保定市长王昆山。保定一个地级市油水太浅无非就是三减一免。

正好河北省副省长、省发改委 4 月 10 日来保定市规划做大汽车产业，全力支持长城的扩建，减免一切地方收费。长城当然暂时不可能飞走了。

5 月 21 日，经长城发动机公司金一鹤的引荐，一汽研发中心的李骏所长、李金成工程师也来长城，向魏建军推荐他们研制成功的 2.0TDI 柴油机项目，表示可以合作生产。这款机型是德国 FEV 设计的先进产品，节油环保，但一汽没有合适的车型消化它。眼看着几年的心血要在展厅里生锈，身为研制者哪有不心疼的？李骏通过老同事找到了有钱有车的民企，而哈弗也需要 2.0T，这的确是个双赢的买卖，对长城来说也是个攀高枝的机会。不久一汽规划部的刘本义也来积极协调，并做了 10 万台的投

◀ 一汽技术中心
李骏

▲ 2004 年 8 月，长城汽车董事长魏建军与一汽副总吴绍明在青岛交流

资规划。鉴于一汽的顾虑看不上保定，魏建军还飞到大连开发区共同确认了厂址，董事长也可以让一汽当，总经理也可以对外公开招聘。

到了 8 月 12 日，汽车司在青岛海边举办的自主发展研讨会上，我和王炳勇陪着魏总在游船上见到了中央委员竺延风，会晤了一汽副总吴绍明。但是高层的意见很模糊，一个月后还是不了了之了，刘本义的杂交梦也没有做成。

看来，长城不过是个暴发户，皇上不急太监急，李骏博士读的英文书太多了。

也是这次青岛会上，我们在同去海边的车上首次遇见了李书福和赵福全。虽然没有直接交流，但赵福全的健谈给我留下了深刻的印象。

继许敏加盟奇瑞整整一年后，赵福全 4 月份刚刚以克莱斯勒原技术高管的身份加盟了华晨，再一次震动了业界。自主创新没有海外专家和高端人才那不是土法炼钢吗。我

▲ 2004 年 9 月，长城汽车魏建军一行在底特律与华人汽车专家交流

们急切地感到长城的步子太小了，我们这几个土鳖虽然经验丰富，但是连硕士都不是，英语也说不了几句，必须解放思想。

2004 年 9 月中旬，我陪着魏总终于来到了底特律，在福特的前瞻性研究室 Advance Department，见到了福特历史上杰出科学家的头像墙，里面就有韩志玉。接着我们在酒店组织了一次招聘会，我介绍了长城的自主发展之路，反响很强烈。其实这时的美国制造业及三大汽车已经处于衰退之中，硅谷的马斯克刚刚于 2 月份控股了特斯拉电动汽车公司。我真不明白美国怎么不学中国到处兴建"国家级高新技术开发区"出口创汇呢？美国人太傻了，所以很多华人都想回到国内翻身闹革命，身在福特的李军和克莱斯勒的谷海就是最积极的二位。

然后，我们到克莱斯勒公司了解 1.6 的动力资源，当看到 300C 轿车要在北京投产时，魏总当场就给这款车的中国市场判了死刑。然后还考察了博格华纳和 Roush 技术公司。

中国的孩子学作文，美国的孩子学做人，魏建军还有兴趣顺便参观了当地的小学。原来美国的校车才算真正的特权车。只要司机拿出了 STOP 牌，双向车流戛然而止，学生们不慌不忙地横穿马路，哪个车要是强行通过估计得"劳教"3 年吧。而中国的几百万辆特权车也不过是警车开道、公车私用、不交过路费、违章不罚款、轮胎随便换罢了。我想中国以后万一要是推行了校车也得这样牛。

当然我们也看到了美国"落后"的一面。电线杆子还是木头的，停车场用不起水泥都是鹅卵石，停了那么多车也没个人收费。尤其奔驰、宝马、奥迪、路虎豪车比中国少多了，IBM 的 PC 也刚被联想收购了，中国的外储超过了6000 亿美元直追日本。

我们的高科技虽然比不了硅谷，但我们也有好多新兴产业 GDP 远远超过了美国，甚至是美国根本就没有的。如钢

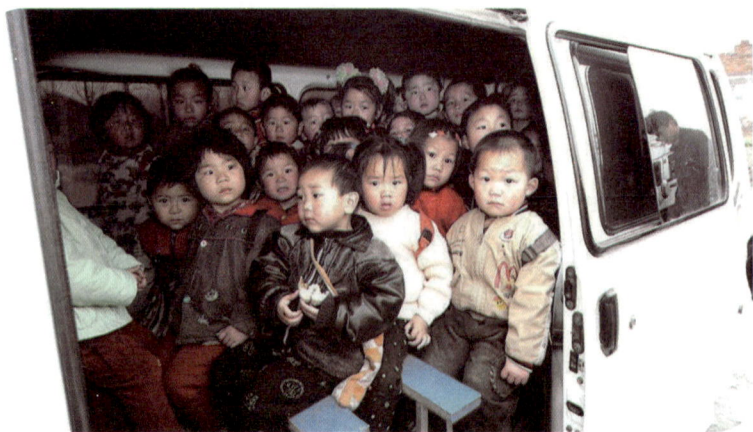

▲ 曾经严重超载的中国校车

铁、水泥、烟酒、豪华饭店、洗浴按摩、礼品店、拆房、防盗门、纯净水等。据说茅台酒厂的管理销售费用并不比苹果手机的研发费用少，红塔集团的管理销售费用并不比一汽的研发费用低！所以五粮液集团也要酒后造车了。本来实行省管县、县管村没什么难度，可中国的行政体制多了两层，政府机构越来越大，每年数千亿的三公消费都够造三个航母战斗群的。哪条大街不是高楼林立，哪座大厦不值五六个亿？而这五六个亿就够我们开发一款车型的直接工程费用了。

9月23日，我和魏总启程去奥地利的麦格纳公司交流整车开发，但是数千万美元的设计费用是个天文数字。随后参观了法兰克福车展，他对小排量增压柴油机及废气再循环等多项新技术产生了兴趣。欧洲的柴油轿车占一半，坐在车里，感觉不出这是 gasoline 还是 diesel。欧洲的微轿远比中国多，三厢车远比中国少，汽车不过是代步工具。但中国的消费税没有拉开档次，也不限长度，精英喜欢贪大求洋搞形象工程，百姓追求一步到位搞面子工程。

坐地日行八万里，巡天遥看一千河。绕着地球飞了一圈，魏建军的自主梦更加清晰了。遗憾的是，我们没有去西部的硅谷洗洗脑子，或者拜访马斯克。终结者们正在这里密谋针对传统产业的"篡党夺权"呢。

我们回国后，哈弗的性能试验及批产准备到了关键阶段，但是试制中的问题多如牛毛。为了抓住关键，我们委托了北京阿尔特的三菱专家进行评价。由于2400吨大冲线还没安装完，而侧围模具又必须试冲，我们只好通过李万里求哈飞的刘涛总经理帮忙借线几个月，他们友好地答应了。

应魏总的指令，黄勇也频繁组织各大供应商的高层领导来公司会晤，以进一步促进质量改进及合资合作。一些没有开发业务的厂家也纷纷来访，如江铃柴油机、美国车桥 AAM、美国伊顿、英国莲花、三菱 MAE 等。

这时，唯独哈弗的心脏——长城 2.4S 总是心律不齐，振动太大。李颖涛多次反应标定没法做，做了也白做。这款发动机的售后培训都完了，新车也准备上市了，心脏的问题可急坏了高层，还几次爆发了激烈的争论。虽然魏总一直督促着定兴发动机的改进，但王凤英早就不相信赵元俊承诺的"明天会更好"，不敢拿着市场冒险。再说即使不考虑质量问题，发动机的品牌也决定了车的档次，三菱动力 2.4 的车都十几万，要是装了自己的 2.4S 那不就是第二个"赛弗"吗，哈弗怎么破十万呐？我在旁边也表示，自制也不便宜，我们没必要给定兴发动机厂打工，把生产线用在 4JB1 柴油机上还对皮卡有利。

魏建军只是在感情上有点护犊子，三年的耕耘粒粒皆辛苦，几千万的开发投资交了学费。其实他那么懂技术，

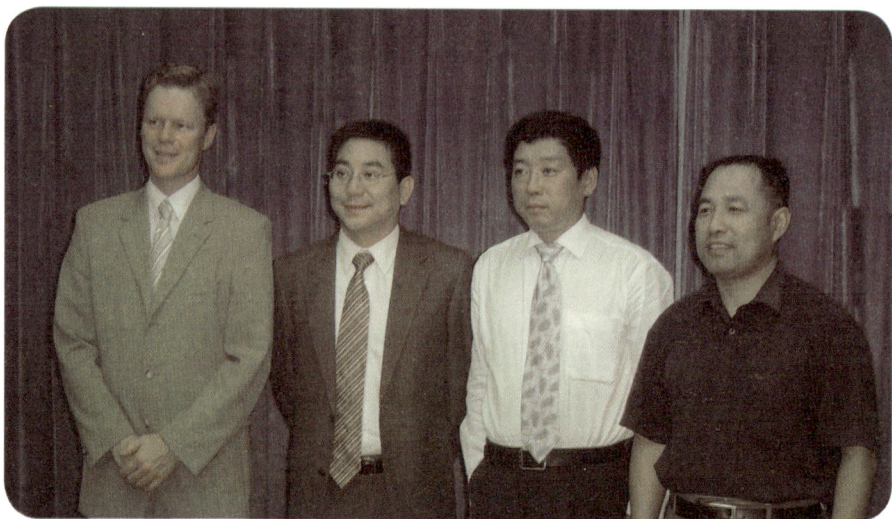

▲ 2004年9月16日，长城汽车魏建军董事长接待上海联合电子陈总一行

不可能不知道攻克发动机的可靠性非一日之寒，他也不敢让哈弗走钢丝啊，当场决定外购三菱。

不要以为魏建军总是一言堂，这样的民主会经常开，他愿意听到不同意见，历来鼓励越级上报，哪怕发生激烈争论，甚至故意挑起工作辩论。不过他一旦坚持就要坚决执行，执行才是外界看到他的强势一面。

老板回头金不换，我当天就打通了沈阳航天三菱公司方世夫的电话。他是491领域的老前辈了，跟魏建军有十年的交情，几乎每年都来长城喝喝茶。不久前还跟我通话吹了吹风，他在千里之外，料定了甲子日东风必降，早就等着收拾残局了。

2004年11月24日，我和周军陪着魏总飞到了沈阳。虽然航天三菱的日方领导服部和友田一开始对我们还是不放心，但我们同意以巨资担保不做2.4S，三菱的批量供货必须优惠到位，而且要一年一个大台阶。诚意带来信任，他们很快就于12月16日来保定签订了供货合同。

哈弗的动力问题终于尘埃落定了。第二天，K2皮卡的制造工程也指示王超正式启动了。

三菱2.4的EMS本来就是德尔福提供的，陈玉东和东良也都是老朋友了，三方紧急启动了哈弗的标定工作，沈阳还要去了一台样车帮着搭载。

为了降低噪声，刚刚来自天汽研的赵骞博士负责进排气的改进。整个研究院和二部的几百人日夜会战，几十台样车拼命试验，齐抓共管显得有点乱，花了多少钱没人统计也没预算。

钢铁就是这样炼成的！军功章上有将军的一半也有士兵的一半。如果非要表彰一下的话，黄勇、周军和王云格都为哈弗的出世做出了不可替代的基础性贡献。

长城 2.4S 发动机的教训太深刻了，3 月 15 日国家刚出台了召回管理规定，除了航天三菱和东安还有谁比较可靠啊？我们竟然想到了奇瑞的发动机。

为了摆脱知识产权方面的纠纷，尹同耀决心：不能再抄了！他们跟 AVL 合作开发了 18 款发动机，生产线也是国际一流的，研究院已经有六七百人了。也是为了学习，11 月 9 日，我陪着魏总去了芜湖。天门中断楚江开，碧水东流至此回。想当初 200 年前徽班进京，这里才是京剧的老家。这时红顶商人詹夏来刚刚辞任董事长，但书记的影子依然光芒万丈。在长江东岸的龙山脚下，我们在尹同耀办公室提出了共享奇瑞新款发动机的可能性。他原则上表示可以合作，但又顾虑产能还不够自用呢。

发动机真成了现实问题。10 月 28 日国家出台了乘用车燃料消耗限值政策，汽油价已经涨到 3.66 元了，据说早晚要到 10 元呢。11 月 21 日，韩志玉刚回国到任，12 月初就启动了先进发动机的开发交流和战略策划，并很快抽调了定兴发动机的王瑞德工程师协助。发动机再也等不起了。

但是，赛弗 SUV 只当了两年明星就变成了流星，长城 2004 年的销售下滑了 10% 才 4.74 万辆，更是远远低于奇瑞的 16 万辆和吉利的 9.67 万辆，不过长城出口 7100 辆又夺回了出口冠军。而今年恰恰也是建厂和开发投资最集中的一年，好在长城的盈亏平衡点很低，卖多卖少无非是赚多赚少的问题，前两年的利润足以支撑。

▲ 长城汽车魏建军与欧洲技术公司 AVL 交流先进内燃机技术

▲ 2004 年 10 月，上汽并购韩国双龙汽车

中国 2004 年的汽车总产量 507 万辆，14% 的增幅远远低于 2003 年的井喷。而一个大众集团的全球销量当年就超过了 500 万辆。

上汽刚刚宣布并购了韩国双龙汽车，中国车企第一次勇敢地走出了国门。2004 年 12 月 8 日，发改委和商务部发布了"汽车品牌销售实施管理办法"，以厂家授权和工商备案的方式明确了厂家对渠道专营的绝对垄断地位，这是政府专门给车企和进口商们量身定制的一部条款！据说因为销售环节太"混乱"，所以要统一管理专营。同样一部车，国内比国外贵几倍，零部件比国外贵十几倍。

本来政府的首要责任就是反垄断，因为垄断破坏了公平竞争，加大了贫富差距，是市场经济的最大敌人。威权主义要是走偏了，效率越高，后果越严重。自然有自然的法则，市场有市场的规律，国外有成功的事实。我们却有好多似是而非甚至本末倒置的逻辑一直在理直气壮地实行着，就像小学生编的造句。有些似乎跟汽车没关系，实际上，政策生态决定一切。

因为跨国公司有先进技术，所以要合资发展中国汽车工业。

因为中国汽车厂太多，所以制造资质要国家审批。

因为总产能大于总销量，所以要用行政审批控制产能过剩。

因为电动汽车也是汽车，所以只有汽车厂才有生产资格。

因为北京空气污染严重，所以北京要实施更高的排放标准。

因为要坚持公有制，所以要发展国企来主导支柱产业。

因为要发展和改革，所以要设发改委。

因为要抗震防震，所以要设地震局。

因为要发展科技，所以要设科技部。

因为石油产业关系国家命脉，所以要三桶油垄断。

因为北方水少，所以要搞南水北调，不靠节水和海水淡化。

因为要防洪抗旱发电，所以要多修水库建大坝。

因为要发展经济，所以要先污染后治理。

因为要开放搞活，所以腐败不可避免。

因为垃圾太多，所以要扩建焚烧厂，不靠垃圾分类回收。

因为要提高出口竞争力，所以工资越低越好。

因为房地产能拉动经济，所以要拆房为现代化和国际化让路。

因为烟酒是最重要的税收来源，所以不要严格限制。

因为发展经济先要发展城市，所以要市管县。

因为要招商引资，所以要建设开发区并提供优惠政策，不搞普惠制。

因为中国人口多，所以要搞独生子女政策。

十四 哈弗登基，托起全球梦

2005 年，随着哈弗和瑞虎的上市，长城与奇瑞第一次短兵相接了。发扬"玩命提品质、疯狂抓执行"的狼兔精神，长城誓夺轿车领域的"中国英雄"。如果说李书福是一个挥挥手的伟大领袖，那么魏建军更像是一个冲锋陷阵的马上皇帝。

万事俱备，只欠东风。激动人心的时刻终于到来了。

2005 年 3 月 6 日，长城在新建的汽车工业园总装大厅举行了隆重的哈弗 CUV 上市仪式。又一个哈弗帝国诞生了！

跨界之星，好评如潮，魏建军露出了灿烂的微笑。他在致辞中说，沧海横流，大浪淘沙，方显英雄本色！中国工程

▲ 魏建军在哈弗 CUV 上市仪式上讲话

院院士郭孔辉发言道：还不能肯定谁笑到最后。总让外国人抱着的企业，不一定会很好的走路。从小没人抱的孩子，可能是最有出息的。

东吴的臣，武将要战，文官要降。一首义勇军的进行曲，暂时压过了忠义救国军的"后庭花"。

3 月 22 日，奇瑞第一款 Acteco 汽油机和瑞虎城市 SUV 下线。一场新的 SUV 龙虎斗拉开了大幕，长城和奇瑞第一次短兵相接了。桃花马上威风凛，敌血飞溅石榴裙，"我的野蛮女友"王凤英遇到了一个刚刚离开福田南下奇瑞的营销高手——李峰。

▲ 2005 年 3 月 6 日，长城哈弗 CUV 隆重上市

▲ 2005 年 3 月 6 日，郭孔辉院士等专家学者参观长城汽车研究院

▲ 哈弗总装线

　　不过李峰刚到任就腹背受敌，新款东方之子刚刚上市，4 月 16 日，比亚迪 F3 下线，夏治冰，这个 EMBA 级的价格黑手先给了他个下马威。4 月 19 日，吉利宁波的自由舰在济南开卖，5 月 10 日，吉利借壳在香港上市，刘金良更是个摸爬滚打的全能选手。

　　三英战吕布，看他在芜湖能熬几年吧。

　　就在哈弗上市的前夜，魏建军任命韩志玉兼任研究院院长，以期展示开放进取的形象，跟上华晨、奇瑞研发的明星阵容，尽快打造一只国际化的研发团队。他认可韩志玉在直喷领域的开拓性学术成就，也担心他的国内工作背景尚不丰富。但是海归们都存在这个问题，越高级的人才越不是全才，土鳖们才是"全猜"呢。再说研发都

▶ 2005 年 3 月 22 日，奇瑞瑞虎城市 SUV 下线

▶ 2005 年 3 月，奇瑞汽车部分领导（左起：陆建辉、许敏、尹同耀、李峰、李立忠）

▶ 2005 年 4 月 16 日，比亚迪 F3 下线

是相通的，我们需要引进的更是大公司的体系、流程和理念。

韩志玉的确是个工作狂，也很注重项目的计划、流程和体系建设。流程决定结果，这是魏总一直提倡的。他曾多次批评我们：规范都是老领导破坏的，流程都是当官的推翻的。他对陆续加盟的海归们强调，要想追赶日韩就要有献身精神，创业时我们不可能过正常人的日子，过于追求人性化管理不适应跨越式发展，壮大自主品牌只能是苦干加敢干。

你的胸怀在蓝天，深情藏沃土，所有人无不为他的雄心所感动。

5月份，高档7座MPV车型启动，古海任V08项目总监，意在竞争海狮客车换代后的多功能车市场，实现上打下压。但是这类车型也可能两头受气，就看做工和档次了。

魏总有一大爱好，就是常去逛车市，4S店的销售员们大多认识他。有一天我陪他到三丰路去试驾上市不久的长安CM8，据说是与意大利公司联合设计的MPV。一看那奇形怪状的外形和粗糙的内饰，我们对所谓国际大师都有点怀疑了。他常说，外观之美是暂时的，工艺精致之美才是长久的。你看看开了几十年的奔驰和宝马，仍不失豪车本色。

2005年6月底，长城M11微轿项目再次调整，吕燕青任总监。为了追求更好的动力性，坚持采用1.3动力。但不论柳机474还是8A，1.3的动力傻大笨粗很难布置，这如同赶着鸭子上架，自始至终是个拔苗助长的硬伤。长城毕竟不熟悉轿车市场，尤其微轿的经济实用省油才是第一

▶ 长安 CM8

▶ 2005 年 6 月 28 日，吉利
自由舰上市

▶ 2005 年，北汽军车勇士研
制成型

需要，1 升机才是微轿的核心竞争力。另外长城的体系资源都是配套 10 万元中级车的，不可能下探到 4 万，黄勇怎么核算 M11 的成本都扣不上盖。

也许这是因为长城没造过摩托吧。力帆汽车的尹明善告诉人们，目前轿车利润很高，"125 毫升的摩托车在 1997 年是 1.6 万元，现在只有 3000 元，合 14 元 / 斤。捷达、桑塔纳大概是 50 元 / 斤，我预测 8 年之后这些车会降到 20 元 / 斤左右"。

虽然人们都嘲笑他的"论斤称"理论，但后来的发展也基本应验了。

那时长城也没有多么科学的项目策划和可研报告，在车型制胜的初级阶段，人们都重视车型和工厂，却往往忽略了动力和技术。尹同耀说多生孩子打群架，雷雨成也跟魏建军讲：两个第一都不是轿车主流，咱们自主品牌一款车顶多卖 5 万辆，算上不争气的，要想实现 50 万辆就要发展多个平台几十款车型。从来不是血浓于水，我们没靠山，只有像台儿庄战役那样不惜代价以十当一，决不能患得患失，游而不击。再打个八年抗战，长城一定能夺第一。

一席话说得大家热血沸腾。7 月初，长城与同捷建立了战略合作伙伴关系，在大食堂召开了自强不息、产业救国誓师大会，同时启动了 A0 级轿车 CH011 及箱式轿车 CH021 两个项目，首任总监分别是郑春红和王学东。同捷也派驻了沈月明、陈群一、刘传富、国外专家等精兵强将在保定安营扎寨了。

在 SUV 产品上，长城是独领风骚。但在轿车战略上，长城不由自主地被竞争对手牵着鼻子走进了一片同质化的红海，因为魏建军自信长城的"三高"优势不怕硬碰硬。

▲ 2004 年 2 月，长城汽车魏建军一行考察上海同捷设计公司

　　遗憾的是，革命生涯常分手，周军和田中文这时却离开了长城，分别去了一家设计公司和奇瑞汽车，胡树杰接任生产副总。但是人才引进的步子在加快。不久，海归刘洞泉博士和长安来的陈博士，以及来自福特的陈子启夫妇充实了 CAE 和底盘部，并都担任了重要职务。

　　2005 年 7 月 1 日，长城隆重举行了 20 万辆轿车基地的奠基仪式，正式吹响了进军轿车战场的集结号。

　　抬望眼，仰天长啸，壮怀激烈。魏建军誓夺民族产业的中国英雄 China Hero。此后，长城的开发代号就定为了 CH。

　　但是除了外壳，英雄还要有强健的心脏。

　　从 2005 年初开始的半年时间里，韩志玉就召集德国 FEV、澳洲 Orbital、奥地利 AVL 和英国 Ricardo 陆续过来讨论技术路线及开发方案了，魏总每次都全天全程参与讨论。行家伸伸手便知有没有，这使我们对先进内燃机的前沿技术和高深难度有了清醒的认识。但是没有金刚钻怎么揽瓷器活？魏总对于全新设计发动机还是持保守态度，因为我们没有验证工程可行性的能力，国内的配套水平能

▲ 2005 年 7 月 1 日，长城汽车 20 万辆轿车基地奠基

否满足？生产成本能否承受？据说奇瑞就遇到了这些问题，一步站在巨人的肩膀上不太现实。所以我们仍要选择一个现有的标杆，而日本的 1.3/1.5 自然吸气汽油机成熟可靠，我们第一步先要把这个平台分析透了，而且要靠自己边学边干，在供应商的配合下边干边试验，就不愁闯不出一条经济可行的路来。

魏建军说过，什么最值钱，"迷信"最值钱！我不会花几个亿去欧洲买回一个 U 盘来。夏天，从奇瑞招聘了高定伟。稍后从加拿大归来的王瑞萍担任了发动机项目的组长，总共才有十几个人，台架试验室也加快了建设。

在当时的条件下，如果说车型开发还是摸着石头过河，那么发动机开发就是扎着猛子过江了。野孩子才会打群架，魏建军就爱啃硬骨头。因为他从小就爱修理发动机，无论是摩托车的还是汽车的，自制 491 汽油机也有了一些经验，再上一个台阶还是可能的。于是公司采购了许多国外样车和发动机拆解分析，对标研究。院里放不下，就升到二楼去。

不拆不知道，一拆吓一跳。DOHC 的双顶置凸轮轴多气门加 VVT 不仅结构复杂，工艺和材料更是看不见摸不着。可是不入虎穴，焉得虎子？魏建军更是以身作则，起得比鸡都早，睡得比谁都晚。朝闻道，夕可死，长城人在千百个难题的煎熬中一点一点地潜行着。

如果说李书福是一个挥挥手的"伟大领袖"，那么魏建军更像是一个冲锋陷阵的马上皇帝。不过，我们这些土皇帝的力量毕竟太小。

2005 年 11 月 19 日，无锡威孚与德国博世共同投资的博世汽车柴油系统有限公司在无锡新区落成。博世集团董事长弗朗茨·菲润巴赫和中国国资委领导，分别从德国和北京赶来参加落成庆典。

此后，无锡威孚自残双脚，孤军奋战的无锡油泵油嘴研究所开发的高压共轨喷油系统也始终没有冲出"围剿"。跨国公司的"斩首行动"一本万利！

长城的摊子越铺越大，部门越来越多，人员来自五湖四海，光靠竹竿似的直接管理有点鞭长莫及了，企业文化建设和精神理念应该总结和升华了。其实，企业文化就是"潜规则"，它本来不是个贬义词，而是真正的企业文化 DNA，以此来引导员工的自觉行为。

7 月 30 日，长城召开了 GLM 精益管理推进大会，倡导企业利益高于一切的团队精神，发扬"玩命提品质、疯狂抓执行"的狼兔精神，强调沟通意识，勇于自我反省，推行现地现物，建立学习型组织。8 月 24 日，公司召开了

▲ 高强度军训是入职长城的第一课，摄于长城体育中心

GLM 长城汽车精益管理理念

理 念 准 则

1 每天进步一点点
2 珍惜公司声誉，维护生存平台
3 小慈是大慈之贼，小利是大利之贼
4 重视品质，顾客第一
5 领导是教练员
6 规范就是权威
7 快速反应，抢先一步
8 注重对细节的把握
9 主动就是效率，推诿是无能的表现
10 做人要低调，做事要高调

管 理 准 则

1 建立无间断的操作流程以使问题浮现
2 实施拉式生产制度以避免生产过剩
3 追求工作负荷水准稳定，生产均衡化
4 建立立即暂停制度以快速解决问题
5 工作的标准化是持续改进与授权员工的基础
6 运用视觉管理使问题无处隐藏
7 使用可靠的技术以协助员工及生产流程
8 重视事业伙伴与供货商网络，激励并助其改进
9 现地现物以彻底了解情况
10 不急于作决策，提倡"沟通"，以共识为基础，彻底考虑所有可能的选择，并快速执行决策

▲ 长城汽车宣传册截图

首次狼兔行动誓师大会，王凤英做了狼兔精神就是战斗精神的动员报告。9月5日，又专门请来丰田专家培训丰田研发模式和精益生产方式。魏总甚至想直接引用日语的"根回"，以给狼兔精神树立原汁原味的内涵。

其实，他早就想改革传统企业金字塔式的树状管理结构。也许，他听说过硅谷的网状扁平结构和"放狼式"的开放创新机制。

魏建军最佩服的企业家只有任正非。他说，企业是属于社会的，做好产品才是最大的贡献，干好企业才是最大的慈善。美国的军舰后面是它的一百家跨国公司，中国没有几十家世界一流的技术型跨国公司，单靠一百家央企，何谈国际竞争力？

魏建军恨不得一步迈进共产主义，人人都能以一当十，追求完美近乎苛刻，出现问题爱发脾气。他说人人都说好的领导不是好领导，好领导要敢于处罚不能当老好人。虽然狼兔运动也含有一些形式化的高压成分，但领导层似乎也没有更好的方法。

尤其在实践中，不敢试错也不许犯错的理想主义与多元化的科研精神难免发生冲突。道路是曲折的，这种对于终极目标的追求，在走三步退两步的蹒跚中探索着。

2005年9月中旬，秋高气爽，朝阳路新办公大楼全面启用了。站在顶层的大办公室里，魏建军俯瞰着南广场。东邻一条大路朝阳，西山是连绵的太行。宛若五洲的"精益湖"碧波荡漾，形似九州的中国岛虎踞中央，岸上的八角亭莲开佛意，水中的红鱼倒海翻江。还有一只飞来的野鸭子在尽情地游荡，一派祥瑞之气油然而生。天高云淡，他的英雄梦似乎不远了。

▲ 2005 年，长城汽车技术研究院

　　我终于看到，所有梦想都开花。追逐着年轻，歌声多嘹亮！

　　金秋十月，魏建军刚刚从俄罗斯考察归来。俄罗斯地大物博，除了莫斯科伊利托公司 CKD 组装长城车外，他还要求另建合资工厂以实现大批量的 SKD 生产，并申请享受俄 166 号国产化优惠政策。两个月前，王凤英派我和邢文林刚去加里宁格勒和喀山看了几家工厂，中国的自主车企都在那里抢地盘呢。与中国不同的是，俄罗斯人特别看重合作经营的主动权，他们对洋人始终保持着警惕性，不可能跟中国一样给你超国民待遇。再加上政治的敏感性和政策的不定性，没有经验的中国车企要想扎根俄罗斯，可以说是机遇与挑战并存。但俄罗斯的汽车工业毕竟相对落后，中国的地缘优势和成本优势非常互补。要想做大，长城必须迈开"走出去"的第一步。

同时，哈弗还要达到欧盟标准，出口欧洲。从此，开拓欧洲战场的重担也落在了王凤英的身上。俄罗斯喀山市的市长格外崇拜她的高挑和美丽，惊呼她比鞑靼尔美女还漂亮，好像还给她起了一个动听的名字——米合尔古丽。这位中国汽车行业的最美 CEO 也真的成了喀山的表妹。有一天我陪她在喀山逛商场，她居然兴高采烈地买了一捧五颜六色的扣子，女人花哪有不爱美的？她在家里也是个巧手裁缝。在国内，我们的"刀马旦"有时间跑市场，却没有时间逛商场。

既然近期的目标是追赶日韩，那么出国考察就更加频繁了。魏总刚看完了法兰克福车展，吉利和陆风已经在欧洲亮相了。2005 年 9 月 22 日，魏总又带领大批领导参加首尔汽车零部件洽谈会，这次他格外重视四驱和自动变速箱 AT 了。10 月 27 日，魏总在保定与上齿陈总以及采埃孚的刘总充分探讨了 5AT 和 6AT，但他们还在引进中。第二天我们大批人马就去参观东京车展了，这次，魏总简直对各类 AT、CVT、DCT 的自动变速箱技术入了迷，同时也更着了急。

回来后的 11 月 2 日，我们就跟法国 Antonov 就 AAD 新概念自动变速箱确立了合作开发意向，因为 AAD 的原理简单，借用了手动 MT 的成熟工艺。很快魏总又去德国试驾了样车，还让唐海峰负责规划筹备，但最终因为技术不成熟放弃了。稍后跟澳洲 DSI 的代理白建刚也是若即若离，后来才知道白老师是教语文的，他还不想大投入。几年后哈弗用了"现代"的 5AT，但合作总是磕磕绊绊。

如同一分钱难倒英雄汉，AT 技术也绊住了中国男。

▲ 长城汽车总裁王凤英在俄罗斯

▲ 2005 年底，长城汽车总裁王凤英与俄罗斯联邦喀山共和国总理达成战略合作
意向

▶ 2005年10月12日,"神舟六号"成功实现了双人飞天

　　"神舟六号"飞船刚于10月12日成功实现了双人飞天,自主汽车却冲不破AT这个天花板,靠手动挡怎么玩高端,混合动力更是难实现。王凤英常说,春秋无义战,我们还得让国际寡头狼吞虎咽。

　　而在重型机械领域,国际资本也要大开杀戒了。"山工"已经被卡特彼勒收购了,美国凯雷投资又要控股并购"徐工机械",直气得"三一重工"总裁向文波拍案而起!

　　只有龙永图想开了,他在8月21日的"花都汽车论坛"上说:"我们不能为自主品牌而搞什么自主品牌,汽车注定是一个国际化的产业。"

　　可能因为长城迟迟没有被"国际化",更没有轿车资质,部分上级领导对长城的前途也持怀疑态度。为了申报国家级技术中心,有一次我去省科委汇报长城开发的科技成果,某位处长不耐烦地打断了我的慷慨激昂:"你们得个皮卡冠军算什么，有能耐怎么不干轿车啊，民企不过是钻了市场经济的空子！"堂堂管科技的领导竟然还是这个思想，当时我都崩溃了！

也正是看到了这些困难，哈弗头一年还在爬坡，所以魏建军也不敢把宝全压在哈弗上。既然我们有491动力和前后桥的优势，厦门有车身资源，更多的产能闲置着，面包车还有几年生命力呢，为什么不可以组装海狮客车呢？迪尔的奇迹也是靠组装干起来的。

自从并购北旅失败后，他的心里还是有个面包车的情结。魏总再次从小金龙回来就成立了926客车项目组，让张春辉任组长。岂知此一时也彼一时也，许多小厂也都是这么想的，短平快的买卖哪有赚钱的？到头来还是白给车身厂打工。这个小插曲唱了一年多，还是没能化腐朽为神奇，魏建军才算彻底放弃了这种小打小闹的短期模式。

◀ 长城客车普锐达（海狮款）

谁也没长着前后眼，魏建军也不是神。

看来别人的老车型不能再拾了，现有车型只能追求新技术实现突破了。

长城是皮卡世家，当然最重视柴油化。为了达欧三标准，2005年5月份长城跟无锡博世签订了2.8TC高压共轨开发协议，但4JB1毕竟老了，即使匹配哈弗也是过渡。11月26日，我去昆明云内参加了D19新品发布会。12月23日，江铃动力的冯总来保定推荐他们引进意大利的VM2.5柴油机。虽然开始都制订了标定计划，但因为单台成本高达3万多元没有真正实施。

但魏建军从不言弃，继续在技术杂志上分析最新动态，他又迷上了丰田D-4D技术。虽然2005年长城销售了5.7万辆增长得不错，其中出口1.8（或1.43）万辆，但总量远低于吉利的13万辆，更不敢比奇瑞的18万辆了。谁叫咱不是轿车厂呢，也许柴油化多了一条路。柴油车天生环保节油30%，接近于汽油混动，为什么不能推广呢？据说中国天生缺柴油。作为全球第二大石油进口国，2005年进口原油1.3亿吨，对外依存度42%。作为全球第二大炼油国，却经常发生柴油荒。

天连五岭银锄落，地动三河铁臂摇。

原来只要你看看路上的重卡就知道了，开矿、拉煤、运水泥、房地产消耗了大量的柴油，超重的运输毁坏了公路，落后的卡车冒着浓浓的黑烟。你管得住卡车进市，还挡得住黑烟进城吗？一辆超标在用车的污染超过几百辆达标车。人们的肺癌发病率也在直线上升。

其实，一度电煤310克才2角钱，煤炭最适合坑口发电和工业之用，家家做饭和取暖用煤导致的严重污染也是被垄断的高电价和高气价逼出来的！即使中国的油田，一桶油的"直接"生产成本也不过 10 美元左右，所以煤炭的运输和散烧才是能源成本最高的。低效的能源结构和浪费才是能源安全的最大威胁！

2005 年中国大陆人口突破了 13 亿，GDP 增长 9.9% 达 2.2 万亿美元，超过了人口 6000 万的英国，成为美日德之后的第四大经济体。美元开始贬值，外储马上缩水。市长们忘了减税才是最持久的刺激，更相信凯恩斯的拉动经济学，拆了盖，盖了拆，阜阳市颍泉区政府都要建"白宫"了。不受节制的发展，要付出沉重的代价。

中国许多江河及地下水被污染或超采，卖纯净水的发了财！

虽然大众汽车在中国呼风唤雨，但柴油捷达怎么也树不起来。节能环保的理念往往要让位于经济发展的现实需求。

事实是如此残酷，只要正向思维，一定会放弃柴油。

但魏建军常常不顾"事实"逆向思考，越是非洲人不穿鞋越要去卖鞋。

可是魏建军坚信，经济泡沫过后柴油不会缺，先进柴油技术早晚会有用武之地。

2006 年 4 月 10 日，长城直接跟意大利 VM 公司探讨许可生产 2.0 柴油机的可能性。但是魏建军的醉翁之意不在酒，他在乎的是掌握技术。你想与虎谋皮当然谈不成了，但这个 VM 平台也给长城 2.0T 的研发提供了参考。

在这个关键时刻，韩志玉卸任了长城的研究院院长。鹰击长空，鱼翔浅底。很快，他受李建新之邀上了长沙的岳麓山，去长丰集团主持轿车汽油机的开发了。他和许敏、赵福全刚刚荣获美国汽车工程师学会的 Fellow（院士），天

▶ 大拆促大建

▶ 安徽阜阳市颍泉
区人民政府

▶ 教育要面向现代
化，面向世界，
面向未来

下没有不散的筵席，也许，那里更适合发挥他的学术特长，行政职务可能扭曲了海归的成长。正值三期的建设如火如荼，自主的呼声越来越高。从此，在黄勇的协助下，魏建军把更多的精力直接投入到了产品开发中。

一级厨师开饭店还亲自掌勺，他至少不会犯低级错误吧，据说硅谷的老板也都是侦察兵冲在最前线。这个个人英雄主义的模式很难说多么先进，也很难复制。哪里有一个先进的体系可以直接套用的？

管理就是实践！

▼ 2003—2010年长城汽车出口量变化表

单位：辆

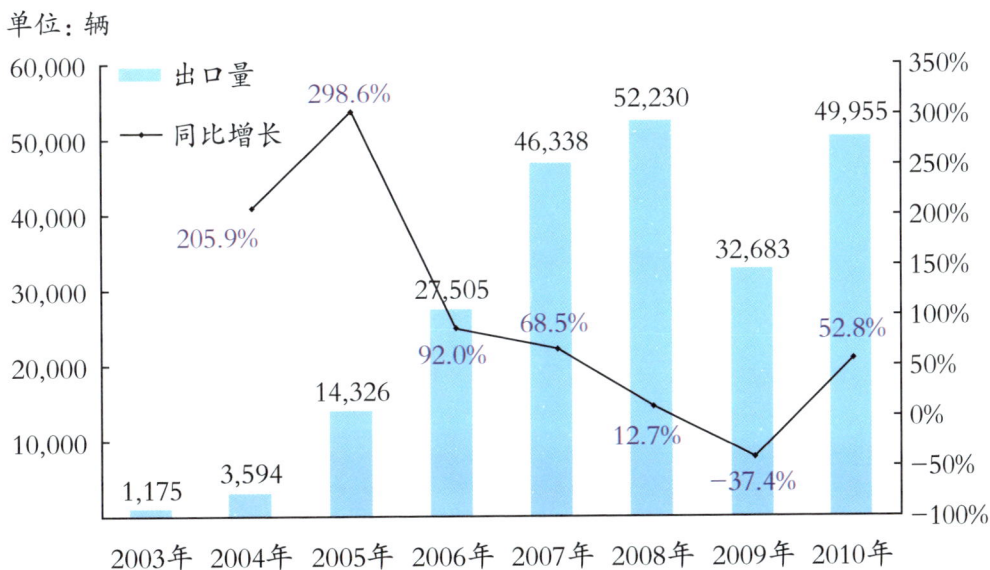

十五 四大自主，抗联大反攻

2006 年，奇瑞、吉利、比亚迪纷纷上市了多款新车型，长城也实现了哈弗自主品牌出口欧盟的突破！长城不放弃柴油机战略，比亚迪推出了电动车战略，但"三大三小"却基本淡出了前十名！

　　"神六"刚刚实现了双人飞天，中国的自主车企也争相推出了新车型迎接 2006 年的挑战。

　　2006 年 1 月，重庆力帆 520 首款轿车面世，同月，奇瑞新旗云和 A5 上市，6 月份 V5 休闲车上市。三峡大坝 5 月 20 日完工了，青藏铁路 7.1 通车了。百年一遇的"桑美"台风刚刚过去，8 月底吉利金刚亮相，紧接着 9 月 20 日吉利远景在长沙试销，吉利入股英国锰铜并合资引进了 TX4 出租车产品。

▲ 2006 年 1 月，奇瑞 A5 上市

▲ 2006 年，吉利入股英国锰铜，引进 TX4 老式出租车

▲ 2006 年，长城哈弗参加欧洲车展

就是长城的车型少，但是 3 月底，赛弗在俄罗斯组装下线，哈弗在天津中心撞出了 EuroNCAP 四颗星的成绩，长城离欧洲更近了。9 月底，哈弗出口意大利 500 辆，同时亮相巴黎车展，终于实现了自主车型出口欧盟的突破！

这与史上最大规模的工行 IPO 并列为十大企业新闻。

11 月 16 日，长城精灵、炫丽、酷熊三款乘用车隆重亮相北京车展。长城强调的是精致小车的造车理念。不久前，我在会上对颇为流行的"性价比"口号提出了质疑，提出了打"质价比"的建议，得到了肯定。

但是，精灵轿车不久招致了菲亚特的侵权之诉。最终，精灵没有在欧洲销售。

12 月 18 日，长城打起了节能牌，搭载长城 2.8TC 电控高压共轨柴油机的风骏新皮卡和柴油版哈弗下线。1.3L 先进汽油机的试制样机点火成功，另一款 A 级轿车 CH041 也正式启动了。

2006 年，长城销售 8.6 万辆，仍远低于吉利的 20 万辆和奇瑞的 30 万辆。但长城出口 3.2 万辆，哈弗销售 2.9 万辆都是自主第一，且企业净利润 6.85 亿元是最高的。有心栽花花不开，无心插柳柳成荫。也许，利润第一，销量第二的理念才是长城的印钞机。当然，这也跟当年的首富黄光裕差远了。

同在一个保定，田野皮卡销售了 2.2 万辆。一个只是小民企，一个曾是大国营，两种体制泾渭分明。我偶然在网上看到了一篇文章《田野汽车岂能如此被掏空》不知是否真实：个别领导像变魔术似的玩弄关联交易和转股游戏，保汽垮了，背着 4 亿元的债务坑了国家，几亿元的国资流失了，千万富翁和亿万富翁诞生了。钢铁就是这样锈成的！

▶ 长城轿车"精灵"参展

▶ 长城轿车"炫丽"参展

▶ 长城轿车"酷熊"参展

▲ 2006年12月，8万元—11万元的长城风骏全新皮卡上市，搭载了国内首款高压共轨技术的长城 INTEC 柴油机

　　而比亚迪 F3 单品销售超过 6 万辆并扭亏为盈，成为 2006 年最大的黑马。F3e 电动车横空出世，就像当时的超级女声一鸣惊人，没有人再敢小看王传福了。7.38 万元的 A 级轿车是怎么造出来的？看来倒是王传福认真学习了李书福的伟大指示，首先造出了老百姓买得起的中级轿车。奇瑞、吉利和长城都直接感受到了比亚迪的威胁，不止高科技才是竞争力，凡是别人猜不透的都是竞争力，因为你学不走他的一招鲜。

　　可是这一年的英雄榜里，"三大三小"真的很寂寞，只有一款夏利坚持轻伤不下火线，这也算给了国资委一丝的安慰。

　　铁打的营盘流水的兵。韩志玉离开长城才几个月，8 月初，许敏也卸任奇瑞研究院去了上海交通大学，据说与发

▲ 比亚迪电动车 F3e

◀ 2006 年 12 月
25 日，吉利金刚
在湘潭基地下线

◀ 吉利汽车研发副总
裁赵福全（左一）
陪同李书福董事长
接待来访领导

动机项目受阻有关，陆建辉临时接任，奇瑞研发从此一分为四。

2006年11月份，赵福全离开华晨，任吉利研发副总裁，不久替代余卫兼任研究院长，丁勇等许多沈阳的工程师也涌进了台州。

你我约定，难过的往事不许提。在自主品牌的初级阶段，怎么搞研发谁也说不清。所以在管理模式上，李书福从来不追求大一统，安聪慧和冯擎峰仍然独立主导着宁波轿车项目的开发，白猫黑猫比着跑。浙江人的合伙赚钱传统比一股独大的北方人灵活多了。后来的结果也证明了，"帝豪"果真扶了大厦之将倾。

至少在轿车销量上，奇瑞、吉利、比亚迪都扩大了自己的滩头阵地，蓄势待发着。

▲ 奇瑞汽车研究院部分领导（左起：顾镭，施善，许敏）

▲ 2006 年 8 月，基于马自达 6 平台及动力的一汽奔腾上市，一汽老厂长耿绍杰向竺延风表示祝贺

厂商排名	2006 年度厂商	2006 年度总销量	车型排名	2006 年度单一车型	2006 年度单车销量
1	上海通用	41.3 万辆	1	一汽大众　捷达	17.6 万辆
2	上海大众	35.2 万辆	2	上海通用　凯越	17.6 万辆
3	一汽大众	35 万辆	3	北京现代　伊兰特	17 万辆
4	奇瑞汽车	30.5 万辆	4	上海大众　桑塔纳	16.3 万辆
5	北京现代	29 万辆	5	一汽天津　夏利	16.2 万辆
6	广州本田	26 万辆	6	奇瑞　QQ	13.2 万辆
7	一汽丰田	21 万辆	7	广州本田　雅阁	12.3 万辆
8	吉利汽车	20.4 万辆	8	上海大众　PASSAT　领驭	10.8 万辆
9	神龙汽车	20.1 万辆	9	奇瑞　旗云	10.1 万辆
10	东风日产	20 万辆	10	一汽丰田　花冠	8 万辆

▲ 2006 年度中国汽车销量排行榜

十六　长城轿车，逆势要争雄

2007年，哈弗成为最佳自主品牌SUV。长城不依赖政府支持和补贴，不追风多品牌战略，而是制定了"狼兔307"计划，决心把轿车品质做到国际同类水平，争取实现自主销量第一名。2007年10月，长城轿车高调上市！

落尽残红始吐芳，佳名唤作百花王。

2007 年 1 月 21 日，哈弗 CUV 一举摘取 CCTV "2006 最佳自主品牌 SUV" 的桂冠。就像吉普之于克莱斯勒，哈弗事实上已经成为长城脚下的国色天香了。

歼 -10 战斗机于 2007 年 1 月 5 日刚刚宣布研制成功，1 月 28 日国产动车组从上海到杭州成功首航，国产大飞机项目也于 2 月份宣布启动了。大自主的呼声空前高涨！

这时，长城三期轿车厂建成了，M11 微轿已经万事俱备。看着力帆摩托都鸟枪换炮了，比亚迪轿车更是后生可畏，轿车资质下不来，足月的孩子不让生，冠军的心里能平衡吗？舆论界更是力挺自主的长城，强烈质疑行政审批违背了市场规律，九龙治水的多头管理抑制了公平竞争。可是，管理部门仍然放话汽车产能过剩的严重性，结构调整才是当前的主要任务。

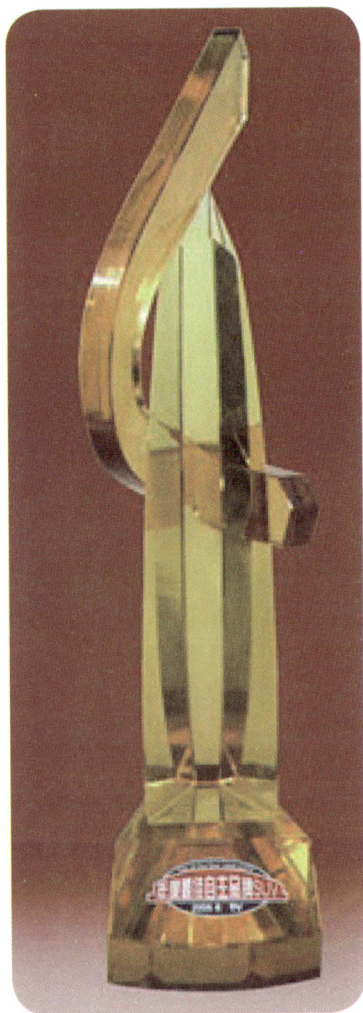

▲ 中国歼 10 战斗机

▲ 自主开发的中国高铁

　　而各路外资却能在一年之内大举并购双汇、苏泊尔、广发行、大宝等主流企业大上规模。

　　有你就多，无你更好，看来长城再出轿车就会让中国汽车业雪上加霜了？在对企业发展的支持力度上，河北也历来不如江浙，吉利和阿里巴巴的成长更是突飞猛进。而河北的扶持重点多是钢铁集团、矿业与发电。知名民企寥若晨星，甚至还要排除阻力，孤军奋战。

　　胳膊拧不过大腿，那就破釜沉舟吧。魏建军甚至放出话来，实在不行就先出口再等内销。对中国人来说，轿车资质，是地球上最贵的一篇纸，上面只有一个"7"字。

　　这不是斗气，而是魏建军一贯的特立独行。长城几乎没有参加过五花八门的国家级项目，也没有得到过任何名义的资金扶持，更懒得出去讲故事。河北省政府曾招标采购了郑州日产皮卡，王凤英还埋怨他不出面让大领导争了理，他说犯不着。记得去年我提出要跑部前进申请国家级技术中心时，我的公关方案也被他否决了。有许多外地政府来招商，承诺给钱建厂时，他说白给的工厂不能生钱，那是防冷涂的蜡，没有核心产业群的支持，遥远分散的固定资产早晚是包袱。

　　任尔东南西北风，咬定青山不放松。

　　当时的多品牌战略甚嚣尘上，魏建军明确反对。令狐冲笑傲江湖靠的是功夫，汽车又不是时装，怎么可能换个标就多卖车了？只能靠产品硬碰硬。众人皆醉我独醒，魏建军始终坚持先做强再做大。

　　想你时你在天边。然而，机会还是留给有准备的人。2007年3月28日，长城汽车隆重参加莫斯科"中国国家展"。国家最高领导人参观了长城展台，并鼓励长城汽车早日走向世界。此次参展业界和政府达成了共识，长城轿车资质这才水到渠成了。

这时，高端皮卡风骏开始销售了，柴油版哈弗刚刚热销，长城今年有望销售 12 万辆，哈弗要占一半。为了实现轿车的升级，长城的发展目标开始全面定位国际先进水平，打造世界知名品牌了。大型试验室和碰撞试验室也开始建设了。可能受到了大众汽车增压直喷概念的影响，长城的技术路线开始倾向于大众了，2.0T 先进柴油机的策划也在讨论中。一款承载式车身的城市 SUV 正在酝酿，新的生产基地也是非建不可，100 万辆的目标并不遥远了。

于是，长城制定了"狼兔307"计划，要用 3 年零 7 个月的时间，到 2010 年把长城的轿车品质做到国际同类水平，五六年后争取实现自主销量第一名。品质管理部以 100 天为阶段进行考核，同时推动零库存精益化管理。

仁者爱人，智者知人。尹同耀夸奖老同学，李峰之前无销售。也许是多生孩子真管用，2007 年 3 月份，奇瑞创造了多个单月销量冠军。首先以 4.4 万辆的总销量，超过上海通用、上海大众和一汽大众，成为本月份中国所有车企中销量最大的；同时出口含散件 1 万辆，创造了国内车企单月出口之最；在细分市场，瑞虎 5300 台，成为国内 SUV 销量最大的；A5 销售 1 万辆，高于 F3 位居自主品牌中级轿车单品销量冠军；QQ 系列 1.6 万辆，成为销量最大的微轿。看来今年 39 万辆的目标轻而易举。虽然桑塔纳和捷达月销均超过 1.8 万辆的绝对地位不可动摇，但是奇瑞放出的高产卫星，还有即将成立的独立高端合资品牌"量子汽车"，似乎预示着本土车厂可能要颠覆合资企业了，中国的"丰田"就要诞生了。

▲ 丰田 RAV4 和本田 CR-V 都是中国自主品牌的强劲对手和学习标杆

▲ 2007 年 7 月，承载着奇瑞"世界小车王"使命的 A1 在北京上市

东风吹，战鼓擂，现在究竟谁怕谁！奇瑞的"五娃"战略及 29 款新车型正在备战 2008 年的北京车展。

同时，奇瑞的 7 个项目都获得了科技部"十一五"863计划的资金支持。多年来，奇瑞也为了这些名目繁多的真金白银设了许多项目，来应付这些名不副实的作业，分散了精力，甚至偏离了方向。有时甜品也是毒品，美容品也是毁容品。

而吉利属于民营企业，很难获得国家级的扶持。没办法，李书福只能恶补一下政治经济学，他仍要羊毛出在猪身上。用不着出去化缘，想干汽车的地方政府趋之若鹜，他们想出资拉吉利过去都得排队拜访李书福。

四面荷花三面柳，一城山色半城湖。在俞学良的运作下，济南工厂很快定下来了，柏杨女士和潘燕龙进驻了泉城。随后，成都项目也开始接触了。

但是吉利的增长比较乏力，3 月份销售 1.8 万辆，今年实现 22 万辆的目标不太乐观。吃老本不行了，5 月份，吉利也宣布战略转型，以新三样远景、金刚、自由舰替代老三样豪情、美日、优利欧，启动了全新 A 级轿车项目，为实现 2010 年 100 万辆，2015 年 200 万辆进行战略布局。同时推行多品牌战略，以上海英伦代替华普。

既然是台州的企业家，自然更重视四两拨千斤的"商业"模式。他们在经营上都是翻云覆雨的大老板，但在技术研发投入上，有时也像急功近利的小商贩。浙江人的重商主义也是一把双刃剑。

2007 年 8 月 9 日，比亚迪 F6 在深圳基地下线。王传福宣称，比亚迪汽车 2015 年要成为中国第一，2025 年要夺得全球第一！他的信心来自于自己的电动车核心技术，

▲ 2007 年 4 月，浙江众泰并购了湘潭的江南汽车，获得了难得的轿车资质

▲ 2007年5月18日，吉利远景上市

一款全部由自主原创的 F3DM 双模混动车型也即将推出。怀疑一切，再造未来。他坚信，十年后必将是混动和电动的天下，内燃机的主导地位不会超过 2020 年。让那些还躺在铁疙瘩上睡大觉的人等着洗牌吧！

的确，别说长城、奇瑞、吉利，就是三大三小也不想真正投资新能源技术，我们用的技术都是大路货，还是先让比亚迪当一次"先烈"吧。其实保守的风险反而大于创新的风险。中国人常说的一句话就是：要是万一失败了呢？美国人常说的一句话却是：要是万一成功了呢？纵观所有企业的兴衰史，战略上的失败几乎都是因为走不出原来的成功。

海马集团也要反攻大陆了。景柱本是喝着黄河水长大的兰考人，1988 年他孤身闯海南。1997 年，也是为了一纸轿车户口，海马汽车厂才坐地招夫引入一汽。他早就不满意让一汽海马偏安孤岛搞组装，于是甩开了马自达换标了海马，普力马始终在家用 MPV 领域独树一帜。但是引进马 6 项目刚要封顶又被一汽拆走了，他决心二次创业。先是并购了郑州轻汽，要在郑东新区建设轿车厂生产微面和微轿，聘请来了退休的长安原总裁江从寿，要在河南大地一展自主宏图。他说，以郑州为中心，以 500 公里为半径就是中国的半壁江山，微面客货兼营，微轿经济实用，得中原者得天下。政府更是倾全省之力把海马福仕达微型轿车项目列为 1 号工程，黄金地段的房地产开发也优先支持。

不管各行各业，房地产就是中国经济，产能规模就是企业实力。什么流行就开发什么是当务之急，至于研发先进技术很可能肉包子打狗，等以后再说吧。

▲ 2007 年 4 月 12 日，比亚迪销售副总裁夏治冰在 F3-R 上市仪式上

▲ 2007 年 8 月 9 日，比亚迪研发副总裁廉玉波在 F6 下线仪式上

发烧的不仅是汽车。

巨额的出口退税刺激了三高产业的发展。污染自己，照亮别人，几乎成了光伏产业的公开口号。源自山清水秀地，长江何日变黄河。5月份，太湖美变成了太湖绿，水源地成了化工厂、养殖场和抗生素的下水道。人们喝得起四千元一吨的瓶装矿泉水，却推不动处理费用仅仅几十元一吨的海水淡化或污水净化再循环。

上有天堂下有苏杭，但苏州水城也让"革委会"建成了现代商厦。

魏建军是属龙的，他跟水似乎也有天生的不解之缘。

他从小在保定的府河边长大，父亲生产太行供水设备时，他生产水泵。入主长城汽车后，院子里很快就有了一座长流水的"老龙头"。遇上暴雨导致了大门口一片汪洋时，他也乐得隔窗看海。保定的一亩泉早就枯竭了，他说就是因为西郊八大厂的棉纺和化工。2003年规划设计长城汽车工业园时，除了探讨过地源热泵空调方案，他要求建设一个高标准的精益湖以充分利用达标排放的净化水，说玄了这是风水，说白了这是生态。在规划工厂里的卫浴标准时，他竟然要求便池实现自动识别和自动冲水，并为此讨论了一个多小时，那时候我们还没见过如此先进的玩意儿呢，弄得我和金红建背后直埋怨他"不务正业"！他对节水用水高度重视，起码长城的厕所从没有长流水的。

规划三期轿车厂时，我曾陪着魏总去咨询一个地质专家，探讨是否可能打出一眼地热井，以实现最大限度的节能环保。

当然，即使整车厂的污染还不那么严重，但上游的钢铁、化工、塑料、零部件等行业的水污染和浪费也是惊人的。

▲ 2007 年，中国机械工业联合会副会长张小虞参加某店活动

▲ 2007 年 5 月的太湖水污染

▲ 2007 年，雷军向求伯君辞去了金山软件 CEO 职务

▲ 日本软银集团孙正义与阿里巴巴集团马云

对于日益严重的北方干旱，他也说过，没有粮食还可以买，没有水就没法生存了。华北的地下水大漏斗那么严重，为什么不推行大农场体制和滴灌技术呢？

根据《怅望山河》的分析，森林才是最大的生态水库，前人砍树，后人着凉。多年的毁林造田和九万座水坝截断了巫山云雨，恶化了生态大循环的内生脉动机制，才是干旱和荒漠化的主因。河北的烟筒比树多，山西的矿井比水井多，内蒙古的煤场比牧场多，蓝蓝的天上白云飘，白云下面没有草。天津滨海新区也跟杭州湾一样，将从一片鸟儿的湿地变成一块世界加工厂的水泥地。相反，我们的农产品却在大量进口，今年中国的大豆进口超过了 3000 万吨，种子资源基本被欧美垄断了。8 亿亩地红线并不等于粮食安全。

而这时的美国已经"穷"得没有几家工厂了，以汽车为首的制造业不行了，奔驰与克莱斯勒又分手了，只剩下了高科技和金融跟中国拼"i-GDP"，他们对页岩气的开发将要推翻石油的统治地位。

2007 年 6 月 29 日，苹果推出了首款 iPhone 手机，很快风靡世界。乔布斯凭着弹指一刷抢了全世界人民的钱，硅谷已进入了动态互联的后工业化或后信息化时代。诺基亚帝国开始衰落，他们还停留在大工业时代的硬件为王思维里。坚持全员持股的华为已成为全球第五大电信设备公司，国内外年销售额将超过 1000 亿元。5 月 8 日，日本软银集团宣布马云加入软银董事会，马云的支付宝即将搅动中国的金融体系。

现代版的"山大王"几十公里就一个，光停车、交费再加速所造成的"轻度污染"、拥堵和耗油就是个天文数字。本来费改税是多么得简单、高效、零成本，但是喊了多年还是"择机而行"，因为一旦变成税收就很难截留了。阳光法案也是喊了 20 年。

还有 1 亿多的中国股民走在了一场赌局的钢丝上。豪车和别墅就指着抓彩票了。汶川县龙门山断裂带上的紫坪铺水库刚刚蓄水发电了，地层深处的挤压应力悄然地量变着。只有四川的最牛校长叶志平，还在加固他的桑枣中学危旧教学楼以防不测。

人人都相信，2008 年奥运就要到了，中国股市即使过热也不会冷却，政府已经骑虎难下只能托市，就是击鼓传花那也且到不了我这呢。一个北京的老同学跟我说，美国专家预测中国股市能冲到一万点。无数中产阶级弃房买股，甚至无产阶级也攒钱炒股。上市公司都不分红，大股东和庄家掏空做空，中石油也要猛虎出笼了，证券专家们天天满口喷粪。

汽车人就怕油涨价，但股市恰恰相反。

10 月份，国际原油涨到了每桶 93 美元，中国牛市涨到了 6000 点，股票成了看得见摸得着"发财树"。有的人靠权挣钱，有的人靠钱挣钱，除了转移和集中，社会没有增值一分钱。看看中国今年的首富，是身价 1200 亿的碧桂园公主杨惠妍，王传福稍逊马化腾只排名第 41 位。

只有"长征三号"运载火箭是真的飞上了天。跟汽车相反，恰恰因为我们买不来航天技术，更无法合资，中国却能够自主研发打破国外封锁。2007 年 10 月 24 日 18 时，"嫦娥一号"月球探测卫星发射成功，中国冲出了地球，接近了"广寒宫"。

接着，长城也要放一颗卫星了。

天朗气清，惠风和畅，2007 年 10 月 29 日，保定惊动了中国，长城惊动了世界。1500 多名嘉宾来自全球各地，长城举行了全球换标、20 万辆轿车基地启动以及精灵轿车、

▲ 2007 年 10 月 24 日，中国"嫦娥一号"月球探测卫星

嘉誉MPV下线的盛大仪式，随即宣布了精灵"4.3万至5.3万元"、嘉誉"11.6万至13.6万元"的价格定位。

赢在起点，志在四方，一个轮回，百炼成钢。时隔12年之后，长城又一次以高端的姿态、颠覆的勇气、必胜的决心，站在了主流轿车的起跑线上，开始了全面的战略大反攻。

魏建军不满足于一个国内的SUV冠军，他要争轿车的冠军，世界的冠军。

魏建军也知道，长城的管理同样隐藏着严重的短板，但不下水何谈横渡险滩。我们的故事，爱就爱到值得，错也错的值得！哪怕遇到的是一群世界级对手，加入的是一场你死我活的恶战！

2008年的钟声敲响了，一场大地震就要发生了！

正是：

英雄所见略不同，
甚嚣台上假大空。
朱门酒肉争洋宠，
狼兔精神在民营。

自主创新人为重，
天天进步点点赢。
苟利国家强富梦，
岂因成败论英雄！

▲ 2007 年 10 月，长城首款轿车"精灵"上市

▲ 2007 年 10 月，长城"嘉誉"MPV 上市

出版后记

　　梁贺年所著的《长城是怎样炼成的》一书，自 2017 年出版以来受到了广大读者的欢迎和好评，目前已售罄。近来我们不断接到读者要求购买的信息，为了满足读者的需要，我们对该书进行了重新修订，增减、调整了部分内容，并重新设计了封面。另外我们还精修了随文彩色插图，为读者呈现更好的"视觉材料"，帮助读者更直观地理解全书的内容。

中国言实出版社

2018 年 1 月